바이블
일러스트
에피소드

펴낸날 // 2022년 6월 22일 초판 발행

지은이 // 김천정

펴낸이 // 유영일

펴낸곳 // 올리브나무 출판등록 제2002-000042호

경기도 고양시 일산동구 정발산로 82번길 10, 705-101

전화 070-8274-1226, 010-7755-2261

팩스 031-629-6983 E메일 yoyoyi91@naver.com

ISBN 979-11-91860-20-7 03650

값 22,000원

바이블
일러스트
에피소드
ILLUST

더러는 좋은 땅에 떨어지매

어떤 것은 백 배,

어떤 것은 육십 배,

어떤 것은 삼십 배의 결실을

하였느니라

마태복음 13 : 8

순서

1

예수 이르시되

성난 파도

무거운 짐

먹고 입는 것

참 어부

시험

오병이어의 기적

구하라 찾으라 두드리라

성난 파도

잠잠하
거라
긋

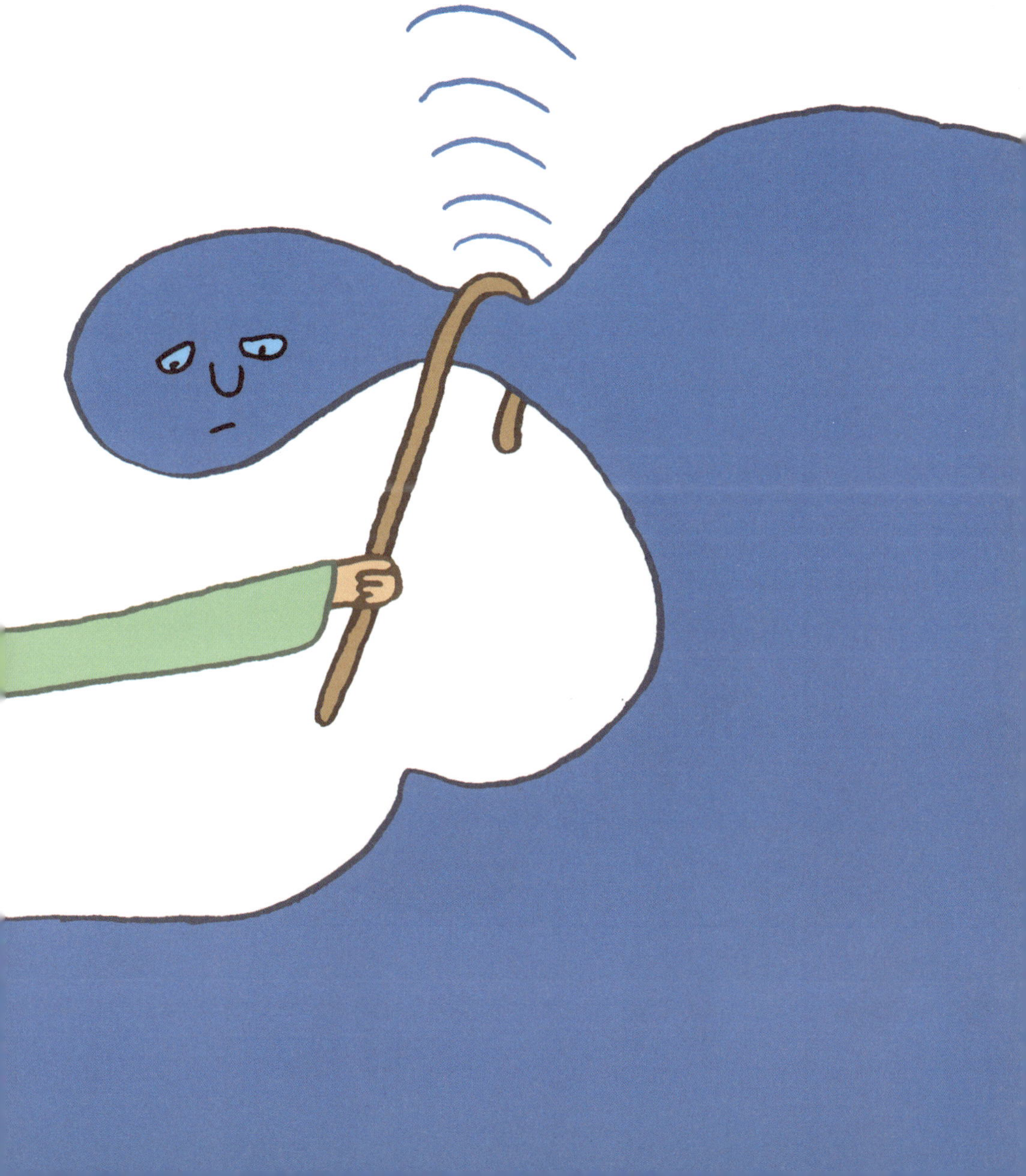

무거운 짐

너희를
쉬게 하리라

먹고 입는 것

무엇을 먹을까
무엇을 입을까
염려하지 마라

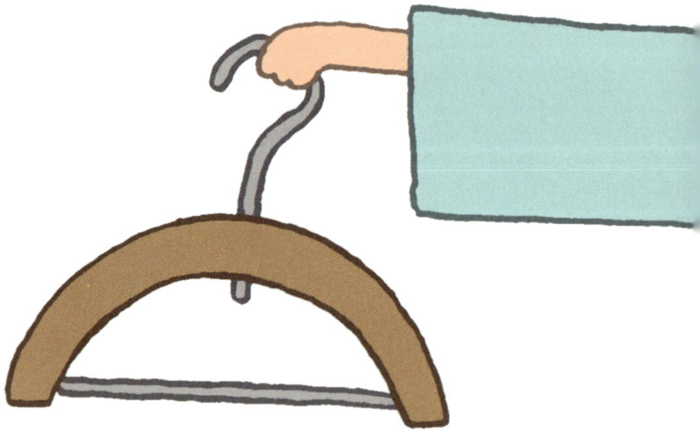

그것들은
이방인들이
구하는 것이다
에덴동산

참 어부

나를
따라오라

사람을
낚는 어부
되어라

시험

하나님의
입으로부터 나오는
모든 말씀으로
살것이라

뛰어
내리라

하나님을
시험하지
말라

내게 엎드려
경배하면 이 모든
것을 네게 주리라

하나님께
경배하고 다만
그를 섬기라

오병이어의 기적

아니된다 (X)
하지말고
(X)곱하기를
하거라

×2
×2
×2
×2
×2
×2
×5
×5
×5
×5
×5

구하라 찾으라 두드리라

주실것이요
굿

찾으라
그리하면

찾아낼 것이요

문을 두드리라
그리하면

CLOSE

너희에게
열릴 것이니
OPEN
끗

에피소드

원죄 | 아벨의 피 | 노아의 방주 | 바벨탑
야곱의 꿈 | 야곱의 씨름 | 이삭의 우물 | 삼손의 힘
아브람과 롯의 길 | 아브람의 정원 | 아브라함의 아들
아론의 지팡이 | 엘리사의 기적 | 엘리야의 마차 | 여호수아의 가나안
요나의 물고기 | 욥의 기도 | 다윗과 골리앗의 결투
밧세바의 향기 | 솔로몬의 재판 | 다니엘의 기도

원죄

여호와 하나님이 여자에게 이르시되

네가 어찌하여 이렇게 하였느냐

여자가 이르되 뱀이 나를 꾀므로

내가 먹었나이다

창 3:13

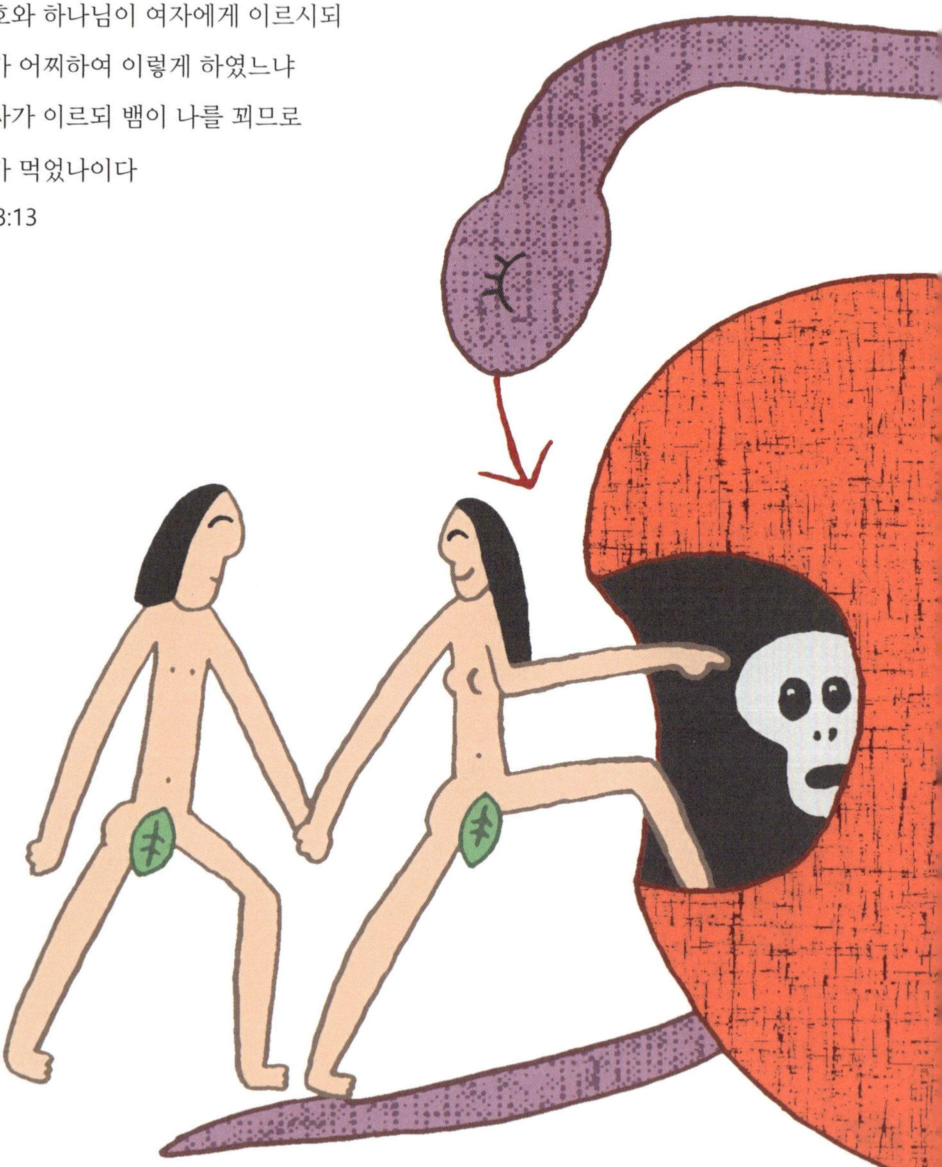

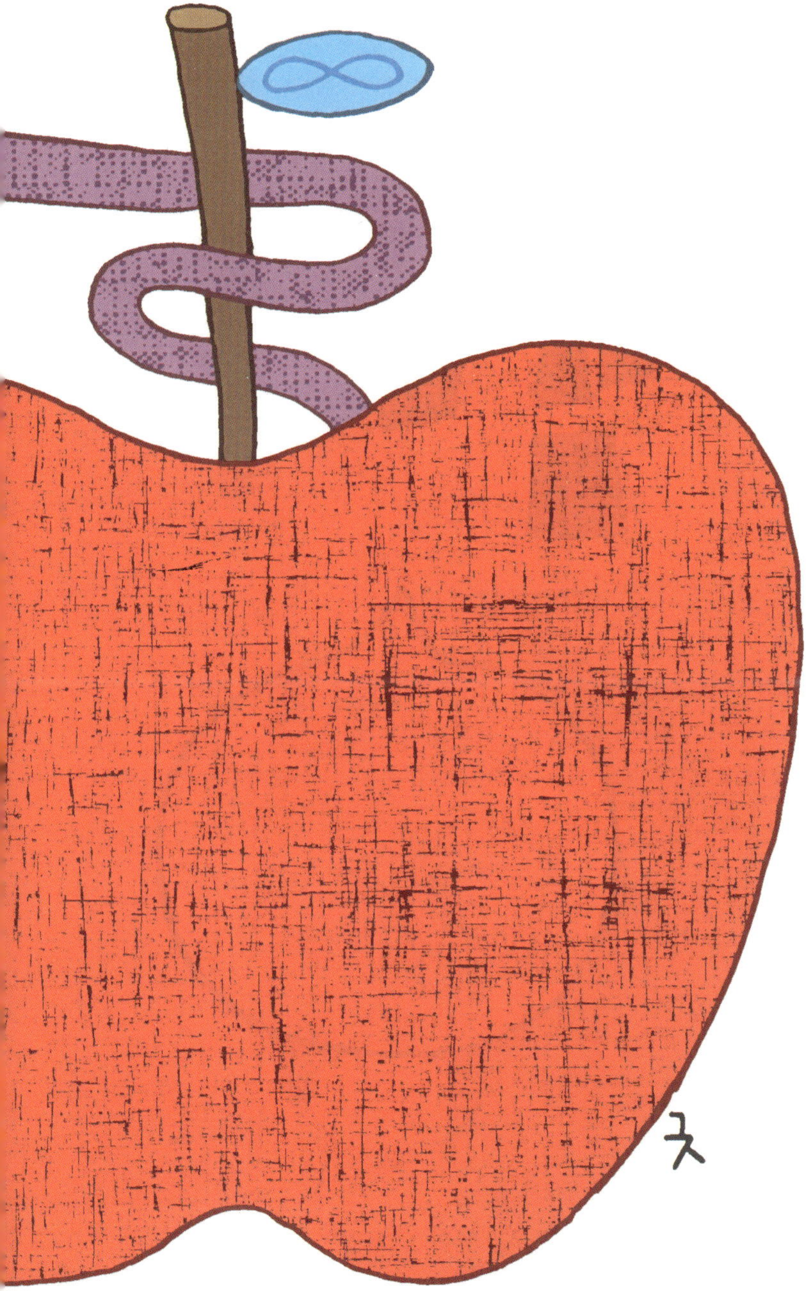

아벨의 피

여호와께서 가인에게 이르시되 네가 분하여 함은
어찌 됨이며 안색이 변함은 어찌 됨이냐
네가 선을 행하면 어찌 낯을 들지 못하겠느냐
선을 행하지 아니하면 죄가 문에 엎드려 있느니라
죄가 너를 원하나 너는 죄를 다스릴지니라
가인이 그의 아우 아벨에게 말하고 그들이 들에 있을 때에
가인이 그의 아우 아벨을 쳐죽이니라
창 4:6-8

노아의 방주

하나님이 노아와 그와 함께 한 아들들에게 말씀하여 이르시되
내가 내 언약을 너희와 너희 후손과 너희와 함께 한 모든 생물 곧 너희와
함께 한 새와 가축과 땅의 모든 생물에게 세우리니
방주에서 나온 모든 것 곧 땅의 모든 짐승에게니라
내가 너희와 언약을 세우리니 다시는 모든 생물을 홍수로 멸하지 아니할
것이라 땅을 멸할 홍수가 다시 있지 아니하리라
하나님이 이르시되 내가 너와 너희와 및 너희와 함께하는 모든 생물 사이에
대대로 영원히 세우는 언약의 증거는 이것이니라
내가 내 무지개를 구름 속에 두었나니
이것이 나와 세상 사이의 언약의 증거니라
창 9:8-13

바벨탑

그러므로 그 이름을 바벨이라 하니
이는 여호와께서 거기서 온 땅의
언어를 혼잡하게 하셨음이니라
여호와께서 거기서 그들을
온 지면에 흩으셨더라
창 11:9

야곱의 꿈

야곱이 브엘세바에서 떠나 하란으로 향하여 가더니
한 곳에 이르러는 해가 진지라 거기서 유숙하려고
그곳의 한 돌을 가져다가 베개로 삼고 거기 누워 자더니
꿈에 본즉 사닥다리가 땅 위에 서 있는데 그 꼭대기가
하늘에 닿았고 또 본즉 하나님의 사자들이
그 위에서 오르락내리락 하고...
창 28:10-12

야곱의 씨름

야곱은 홀로 남았더니 어떤 사람이 날이 새도록
야곱과 씨름하다가 자기가 야곱을 이기지
못함을 보고 그가 야곱의 허벅지 관절을 치매
야곱의 허벅지 관절이 그 사람과
씨름할 때에 어긋났더라
그가 이르되 날이 새려 하니 나로
가게 하라

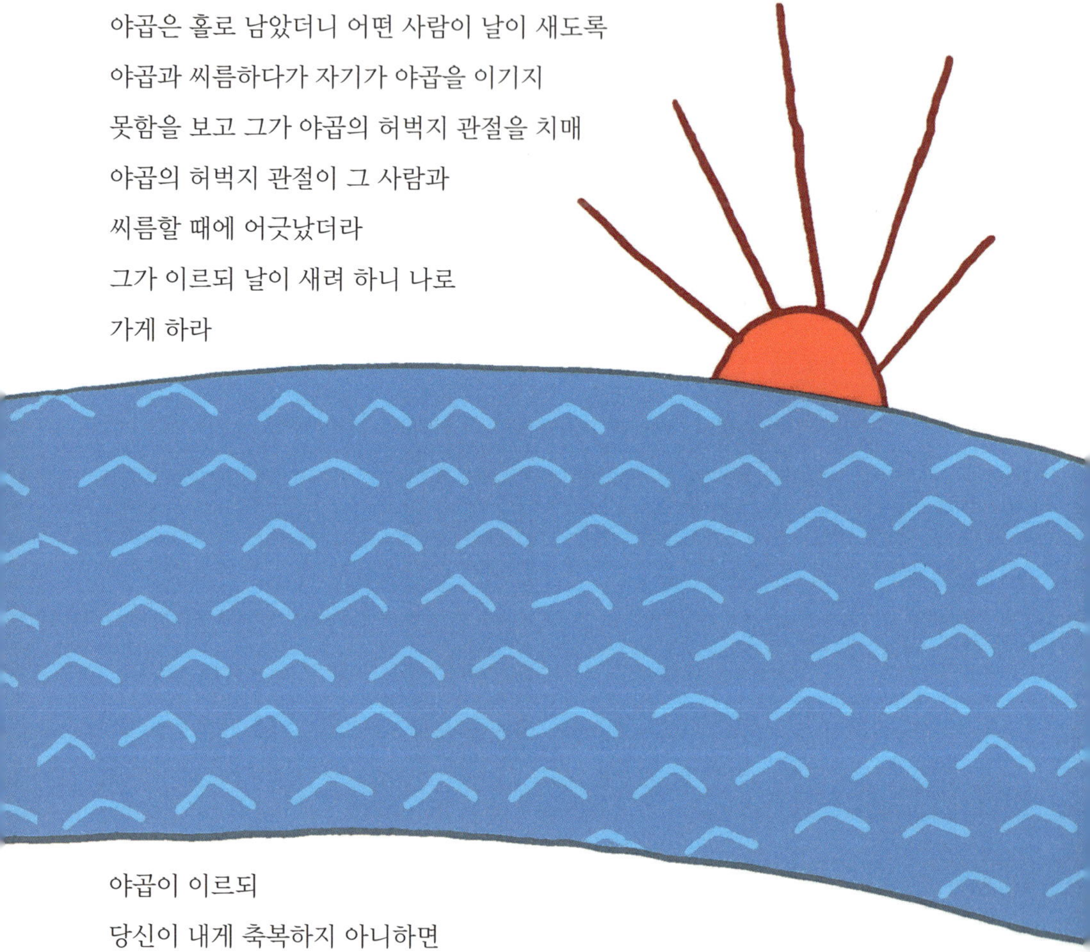

야곱이 이르되
당신이 내게 축복하지 아니하면
가게 하지 아니하겠나이다
창 32:24-26

이삭의 우물

또 다른 우물을 팠더니 그들이 또 다투므로 그 이름을 싯나라 하였으며 이삭이 거기서 옮겨 다른 우물을 팠더니 그들이 다투지 아니하였으므로 그 이름을 르호봇이라 하여 이르되 이제는 여호와께서 우리를 위하여 넓게 하셨으니 이 땅에서 우리가 번성하리로다 하셨더라

창 26:21-22

삼손의 힘

삼손이 진심을 드러내어
그에게 이르되 내 머리 위에는
삭도를 대지 아니 하였나니 이는 내가 모태에서부터
하나님의 나실인이 되었음이라 만일 내 머리가 밀리면
내 힘이 내게서 떠나고 나는 약해져서 다른 사람과 같으리라
하니라

삿 16:17

ユス

아브람과 롯의 길

아브람이 롯에게 이르되 우리는 한 친족이라 나나 너나
내 목자나 네 목자나 서로 다투게 하지 말자
네 앞에 온 땅이 있지 아니하냐 나를 떠나가라
네가 좌하면 나는 우하고 네가 우하면 나는 좌하리라

창 13:8-9

아브람의 정원

아브람이 또 이르되

주께서 내게 씨를 주지 아니하셨으니

내 집에서 길린 자가 내 상속자가 될 것이니이다

여호와의 말씀이 그에게 임하여 이르시되

그 사람이 네 상속자가 아니라 네 몸에서 날 자가

네 상속자가 되리라 하시고

그를 이끌고 밖으로 나가 이르시되

하늘을 우러러 뭇별을 셀 수 있나 보라 또 그에게 이르시되

네 자손이 이와 같으리라

창 15:3-5

아브라함의 아들

아브라함이 이에 번제 나무를 가져다가 그의 아들 이삭에게 지우고
자기는 불과 칼을 손에 들고 두 사람이 동행 하더니
이삭이 그 아버지 아브라함에게 말하여 이르되
내 아버지여 하니 그가 이르되 내 아들아 내가 여기 있노라
이삭이 이르되 불과 나무는 있거니와 번제할 어린 양은
어디 있나이까

창 22:6-7

아론의 지팡이

...아론에게 명령하기를 네 지팡이를 잡고
네 팔을 애굽의 물들과 강들과 운하와 못과
모든 호수 위에 내밀라 하라 그것들이 피가 되리니
애굽 온 땅과 나무 그릇과 돌 그릇 안에
모두 피가 있으리라

출 7:19

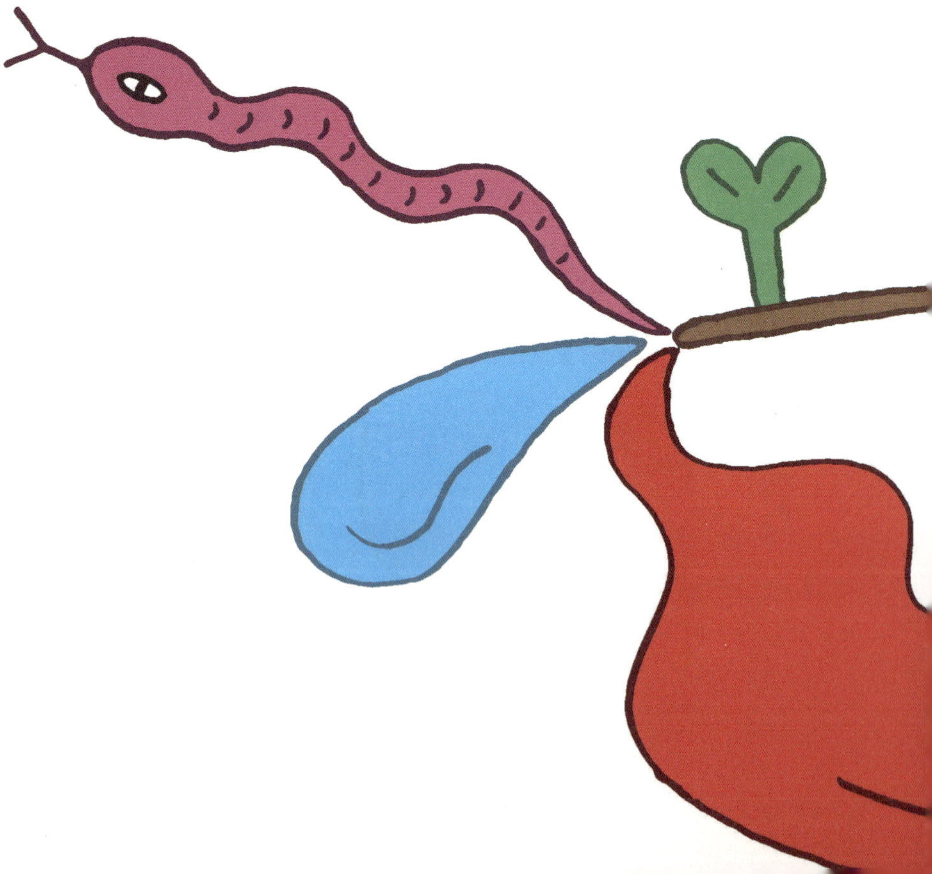

엘리사의 기적

한 사람이 나무를 벨 때에 쇠도끼가 물에 떨어진지라
이에 외쳐 이르되 아아, 내 주여 이는
빌려온 것이니이다 하니
하나님의 사람이 이르되 어디 빠졌느냐
하매 그 곳을 보이는지라 엘리사가
나뭇가지를 베어 물에 던져
쇠도끼를 떠오르게 하고 ...
왕하 6:5-6

엘리야의 마차

두 사람이 길을 가며 말하더니 불수레와 불말들이 두 사람을 갈라놓고

엘리야가 회오리 바람으로 하늘로 올라가더라

왕하 2:11

여호수아의 가나안

여호와께서 우리를 기뻐하시면 우리를 그 땅으로 인도하여 들이시고
그 땅을 우리에게 주시리라 이는 과연 젖과 꿀이 흐르는 땅이니라
다만 여호와를 거역하지는 말라
또 그 땅 백성을 두려워하지 말라
그들은 우리의 먹이라
민 14:8-9

요나의 물고기

나는 감사하는 목소리로 주께 제사를 드리며
나의 서원을 주께 갚겠나이다
구원은 여호와께 속하였나이다 하니라
여호와께서 그 물고기에게 말씀하시매
요나를 육지에 토하니라

욘 2:9-10

욥의 기도

내가 말하겠사오니 주는 들으시고 내가 주께 묻겠사오니 주여 내게 알게 하옵소서 내가 주께 대하여 귀로 듣기만 하였사오니 이제는 눈으로 주를 뵈옵나이다 그러므로 내가 스스로 거두어들이고 티끌과 재 가운데서 회개하나이다

욥 42:4-6

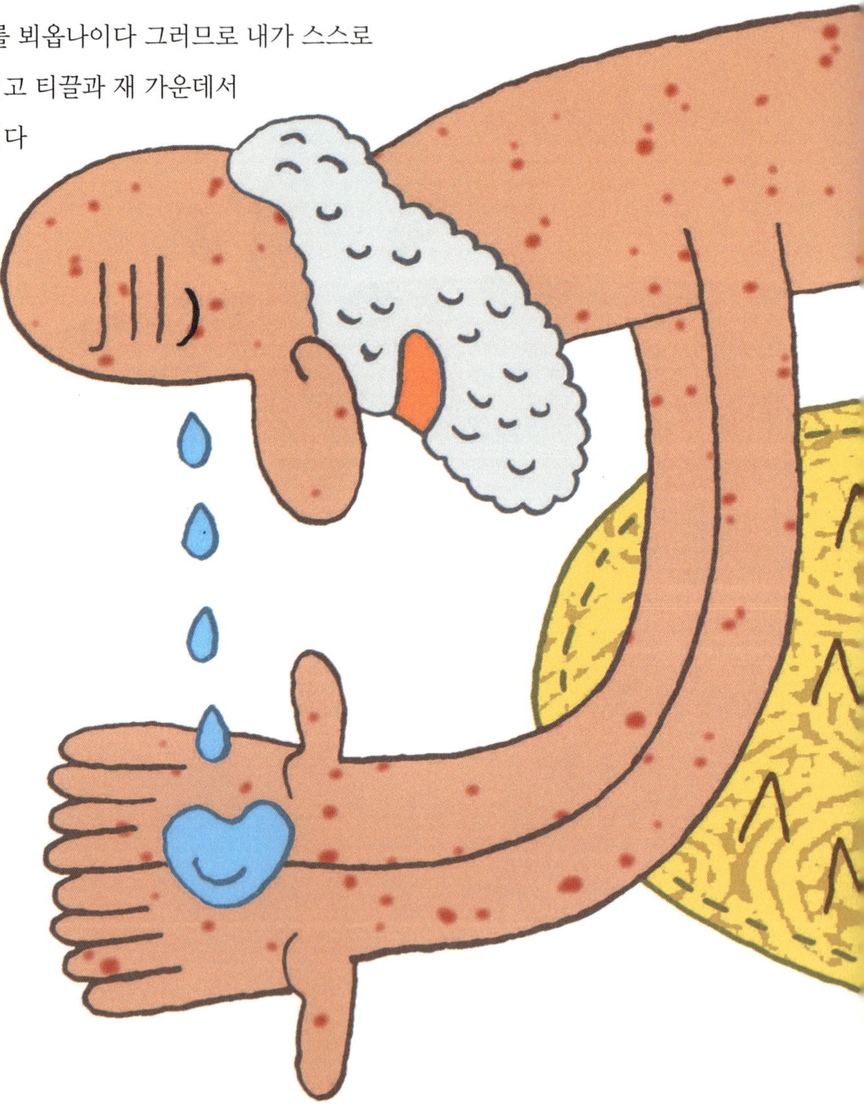

다윗과 골리앗의 결투

다윗이 블레셋 사람에게 이르되 너는 칼과 창과 단창으로
내게 나아 오거니와 나는 만군의 여호와의 이름 곧 네가 모욕하는
이스라엘 군대의 하나님의 이름으로 네게 나아가노라
오늘 여호와께서 너를 내 손에 넘기시리니 내가 너를 쳐서 네 목을 베고
블레셋 군대의 시체를 오늘 공중의 새와 땅의 들짐승에게 주어
온 땅으로 이스라엘에 하나님이 계신 줄 알게 하겠고
또 여호와의 구원하심이 칼과 창에 있지 아니함을
이 무리에게 알게 하리라

삼상 17:45-47

밧세바의 향기

저녁 때에 다윗이 그의 침상에서 일어나
왕궁 옥상에서 거닐다가
그 곳에서 보니 한 여인이 목욕을 하는데
심히 아름다워 보이는지라

삼하 11:2

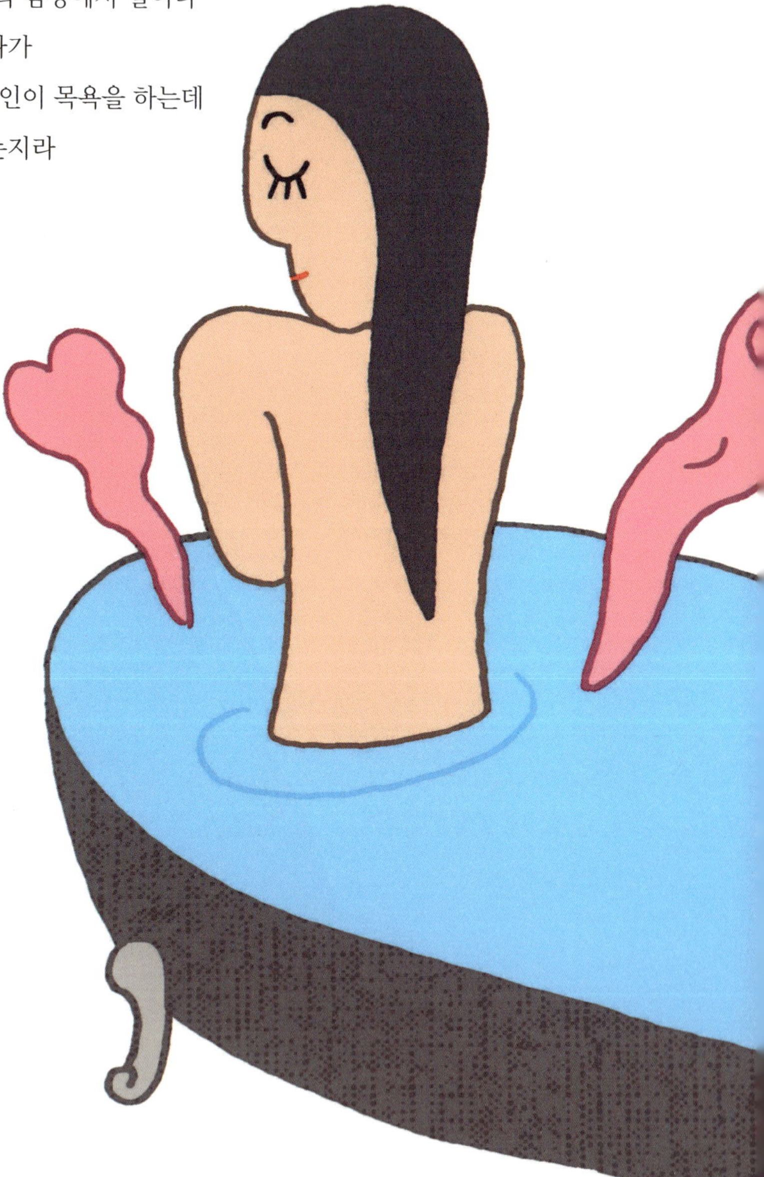

솔로몬의 재판

왕이 이르되 이 여자는 말하기를 산 것은 내 아들이요 죽은 것은
네 아들이라 하고 저 여자는 말하기를 아니라 죽은 것이 네 아들이요
산 것이 내 아들이라 하는도다 하고
또 이르되 칼을 내게로 가져오라 하니 칼을 왕 앞으로 가져온지라
왕이 이르되 산 아이를 둘로 나누어 반은 이 여자에게 주고
반은 저 여자에게 주라

왕상 3:23-25

다니엘의 기도

나의 하나님이 이미 그의 천사를 보내어 사자들의 입을 봉하셨으므로
사자들이 나를 상해하지 못하였사오니
이는 나의 무죄함이 그 앞에 명백함이오며
또 왕이여 나는 왕에게도 해를 끼치지
아니하였나이다 하니라

단 6:22

태초에 연필이 있었네

태초에 연필이 있었으니

하나님이 쓰시기에 편하였다. 그래서

하나님께서 연필에게 명하셨다.

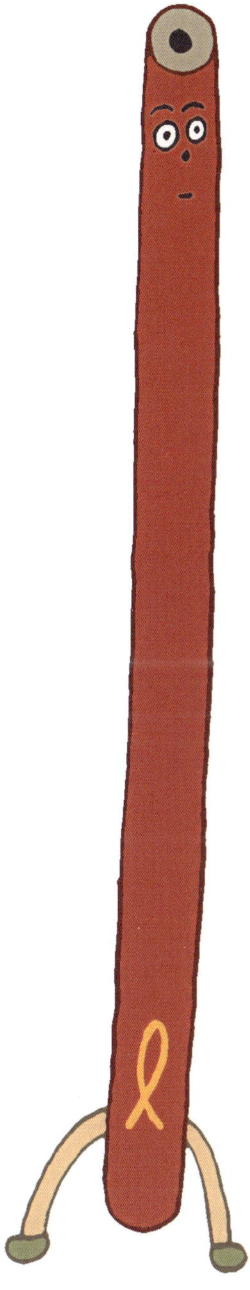

첫째 날에

연필은 열심히 빛과 어둠을 그렸다.

둘째 날에

연필은 궁창을 그렸다.

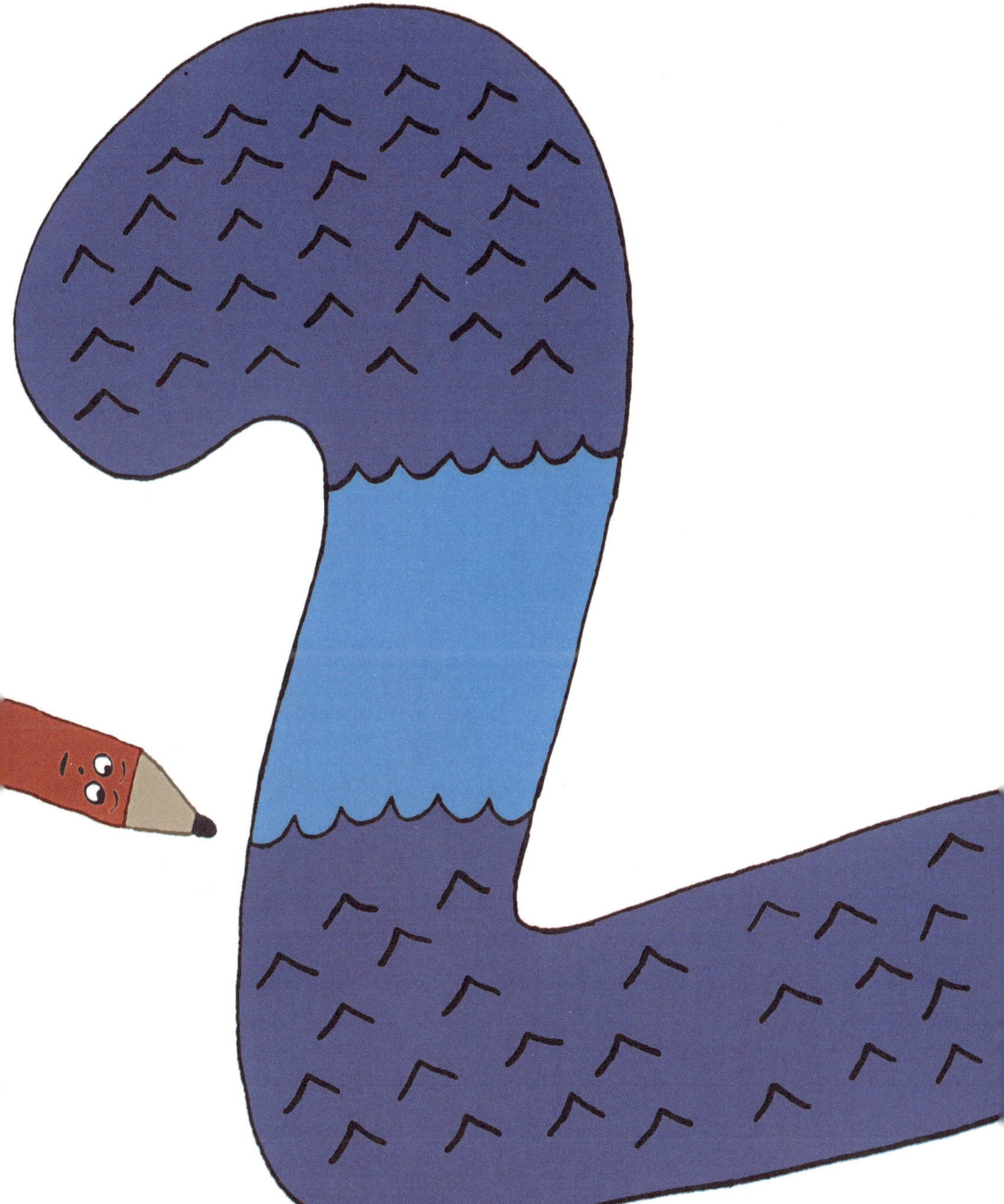

셋째 날에

연필은 육지와 바다를 그렸다.

넷째 날에

연필은 광명체를 그렸다.

다섯째 날에

연필은 하늘과 바다에 사는 생물을 그렸다.

여섯째 날에

연필은 모든 짐승들과 처음으로

사람을 그렸다.

하나님은 연필이 그려놓은 모든 것에

생기를 불어넣으셨다.

일곱째 날에

연필은 지금까지 그려놓은 것을 흡족히 바라보며

몽당연필이 되어

하나님의 주머니에 들어가 쉼을 얻었다.

그리고,

초대교회 시절 기독교인들은

서로의 믿음을 확인하기 위하여 비밀스레

하나님의 몽당연필로 물고기를 그렸다.

그리고

다빈치는 하나님의 주머니에서 몽당연필을 꺼내어

과학과 인체를 해부했다.

존 번연은 감옥 속에서 몽당연필로

『천로역정』을 썼다.

몽당연필은

바하의 손에서 천상의 노래를 작곡했다.

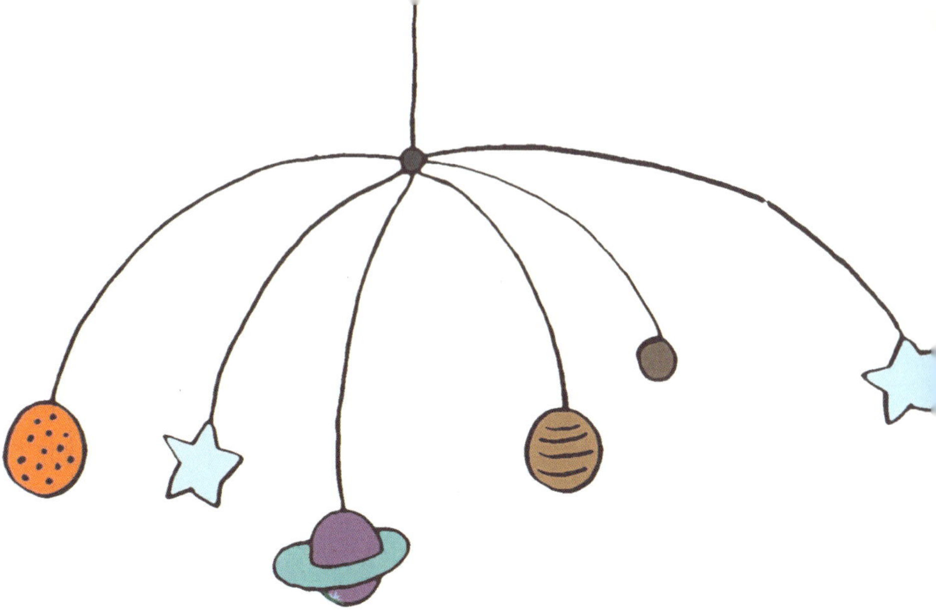

아인슈타인은 몽당연필로

우주의 넓이와 이치를 계산했다.

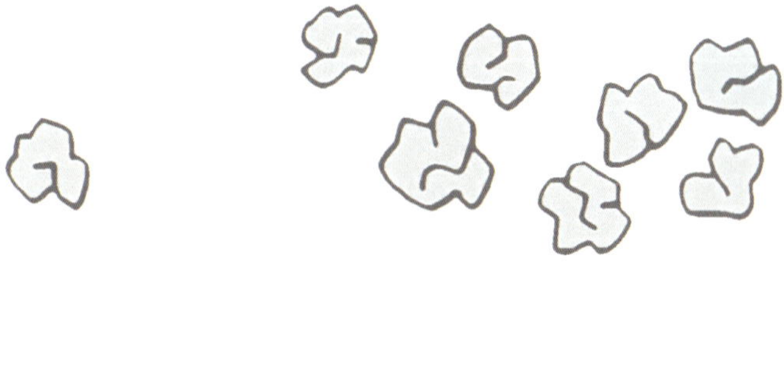

$E = Mc^2$

몽당연필은 우주를 증명하던

아인슈타인의 손에서 미끄러져 블랙홀 속으로

빠져버리고 말았다.

4

우리 교회 우리 목사님

계시

일어나 걸으라

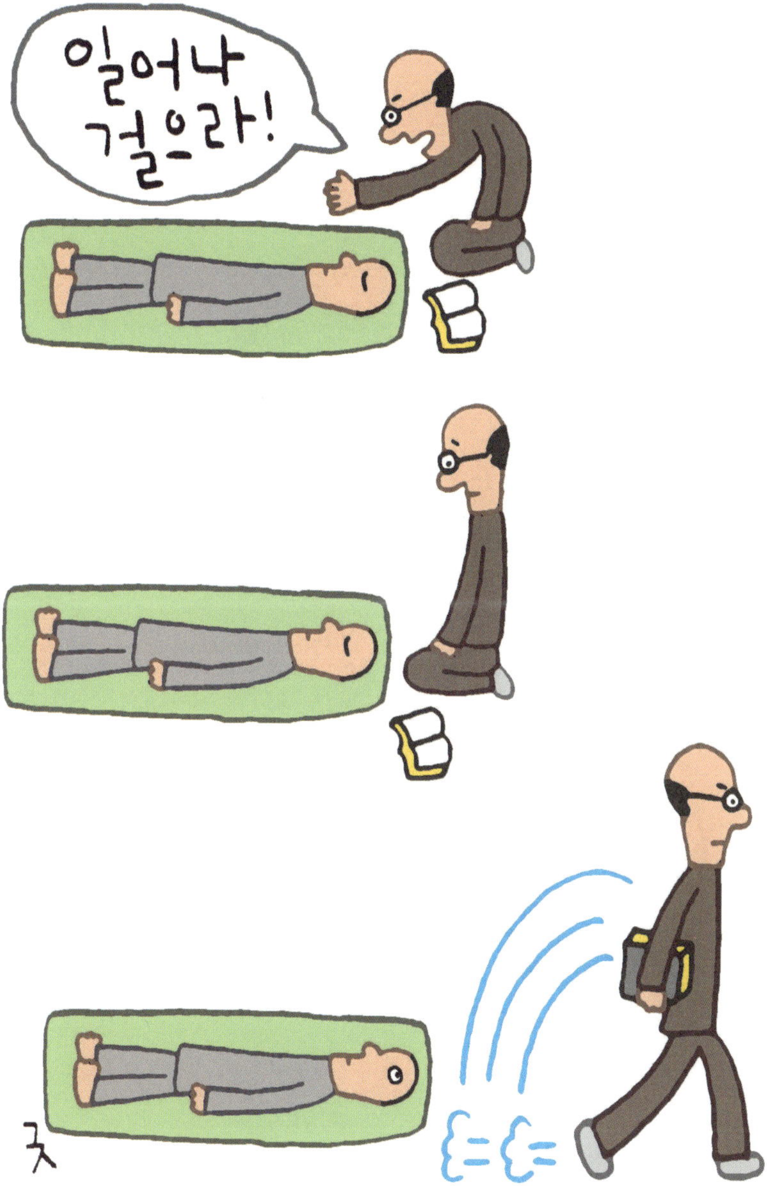

관

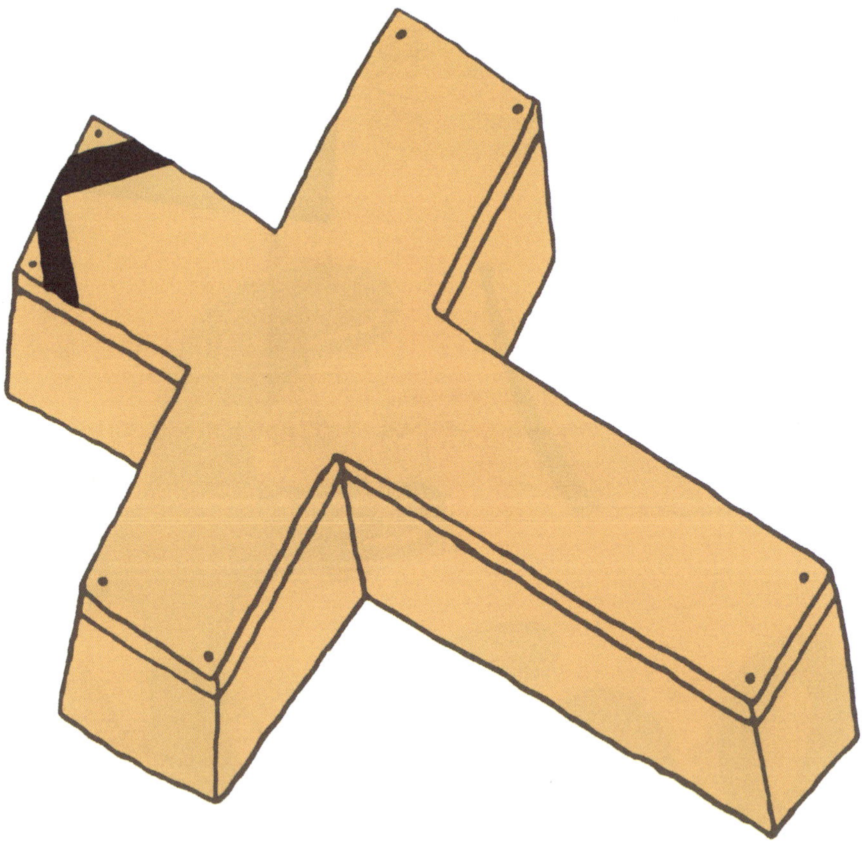

큰 교회

목자의 지팡이

심방

먼저
심방을
받아야지요

중보기도

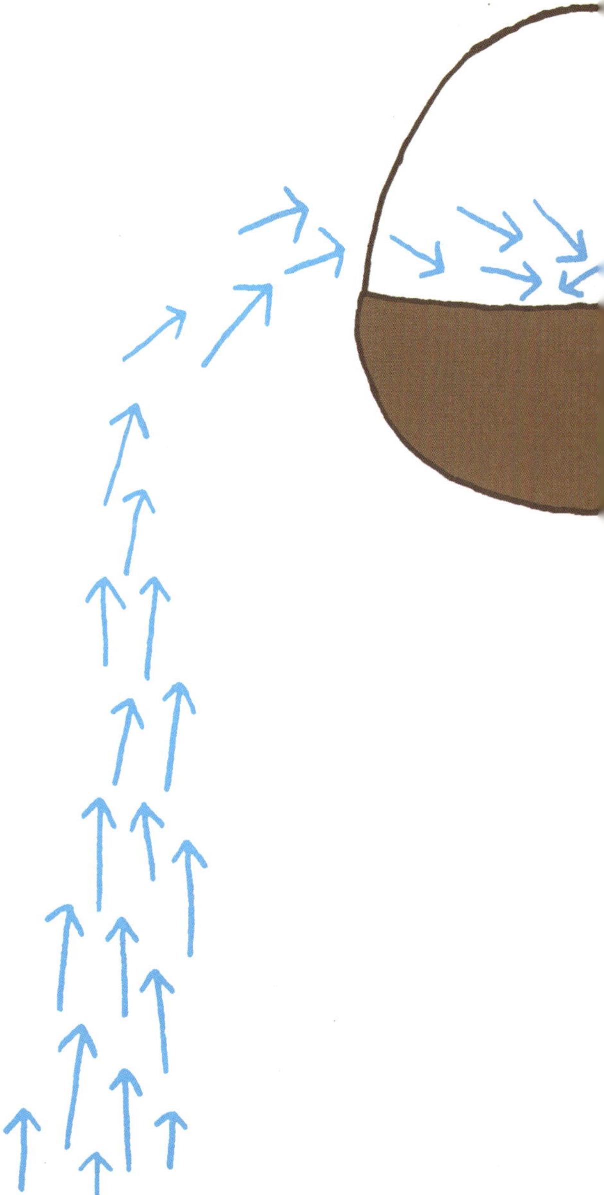

십자가

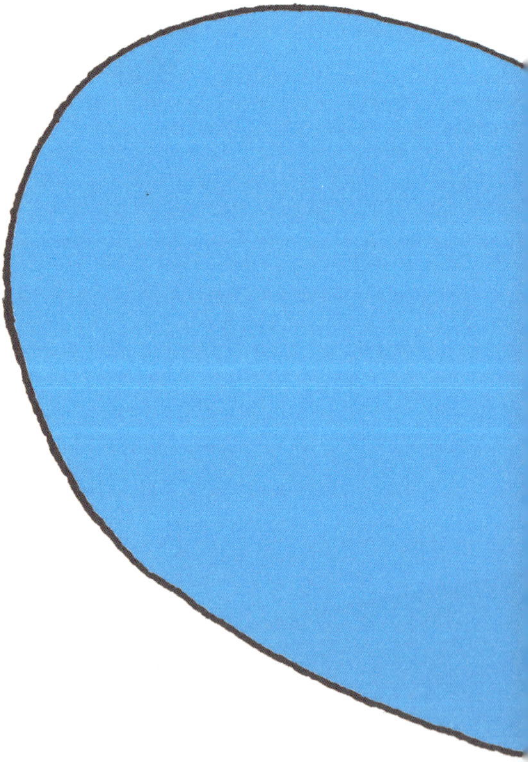

금식

설교

세례

찬양

어부 1

어부 2

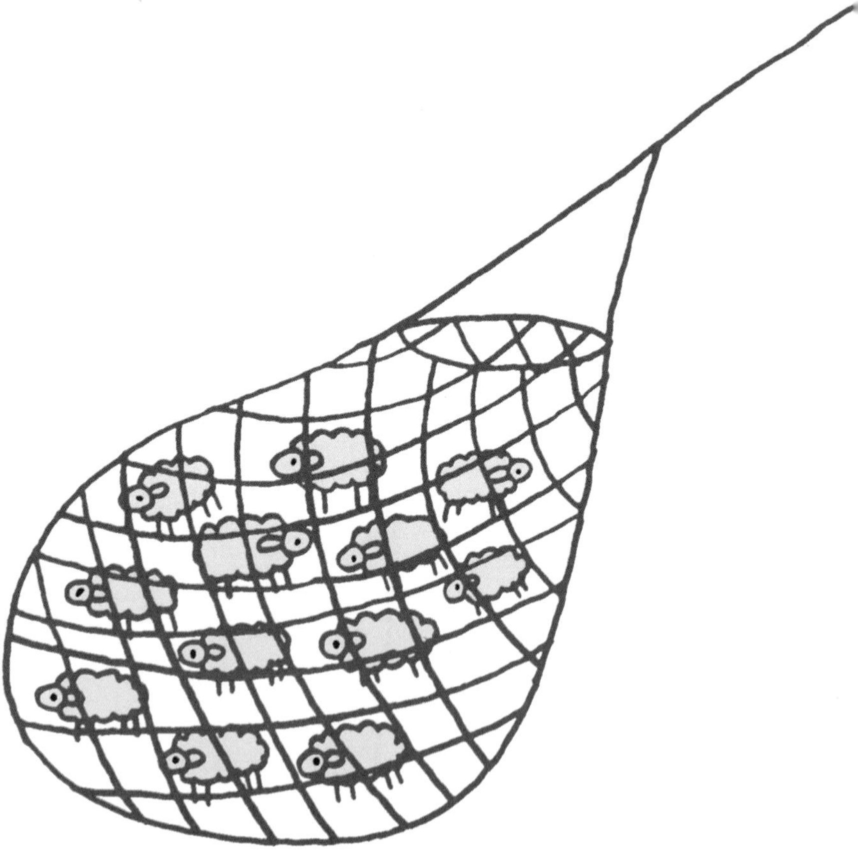

우리 교회

우리교회
우리교회
우리
교회
우리교회
우리교회
우리교회
우리교회
우리교회
우리교회

좁은문 가는 길

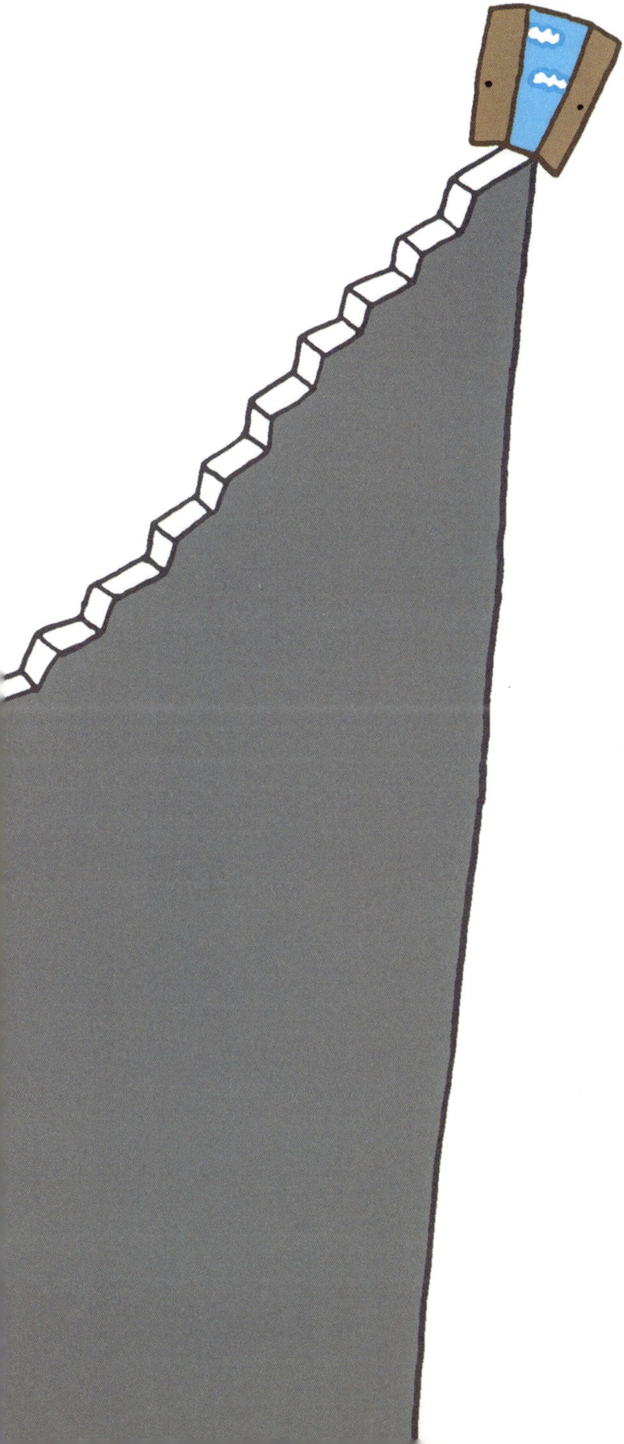

큰 십자가

목자

어린 양

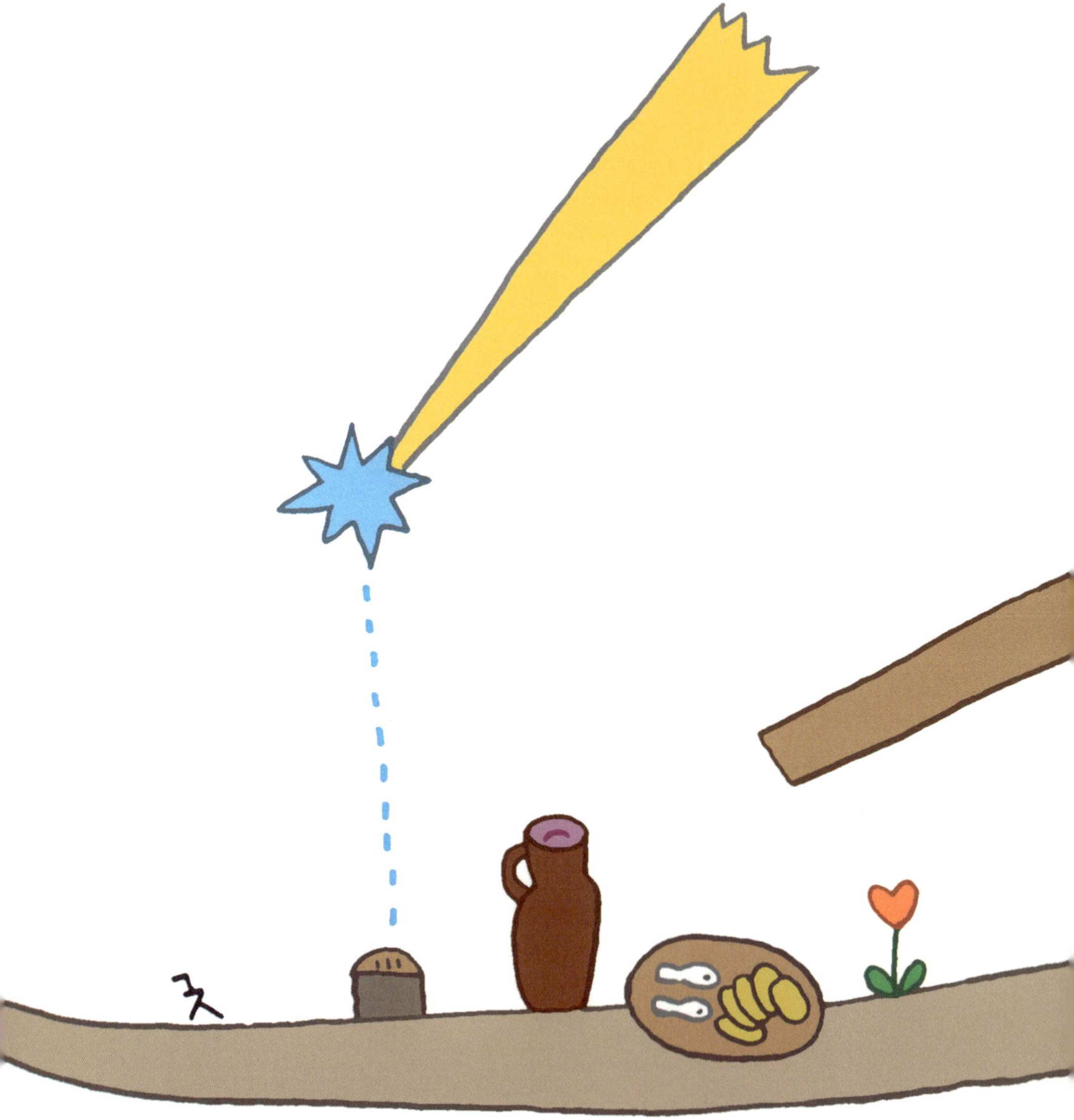

부활

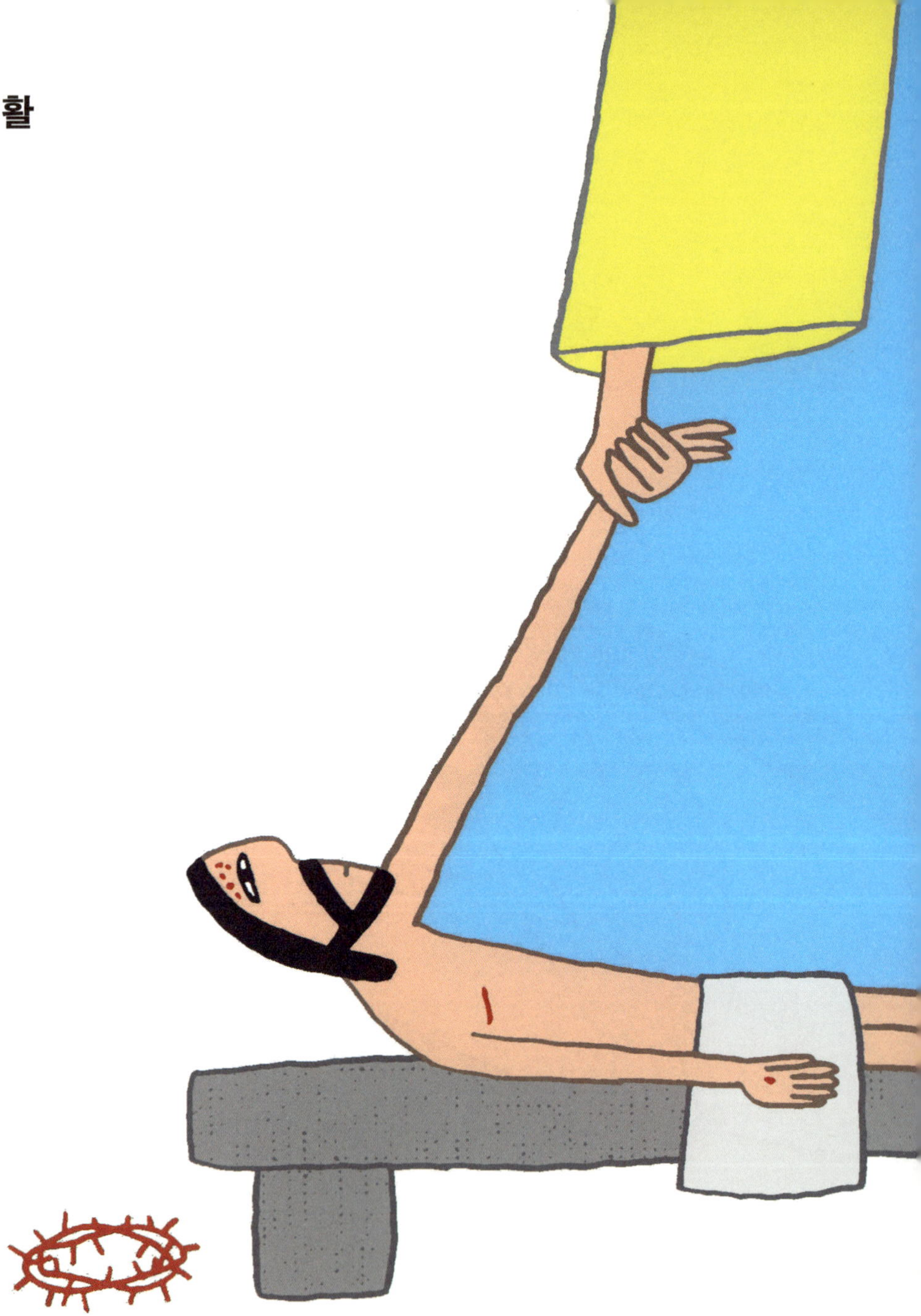

팔복

심령이 가난한 자는 복이 있나니

천국이 그들의 것임이요

애통하는 자는 복이 있나니

그들이 위로를 받을 것임이요

온유한 자는 복이 있나니

그들이 땅을 기업으로 받을 것임이요

의에 주리고 목마른 자는 복이 있나니

그들이 배부를 것임이요

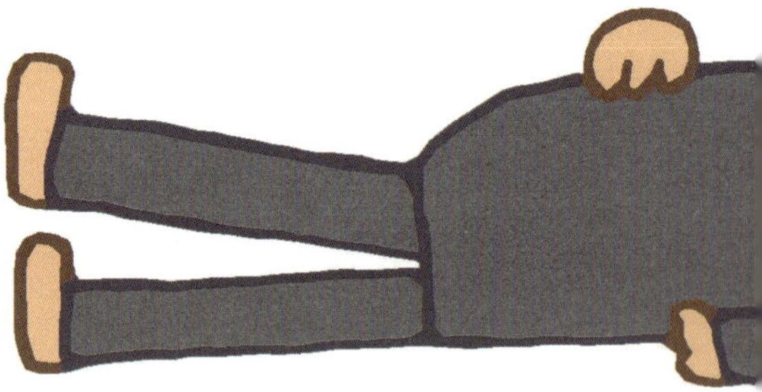

궁휼이 여기는 자는 복이 있나니

그들이 긍휼이 여김을 받을 것임이요

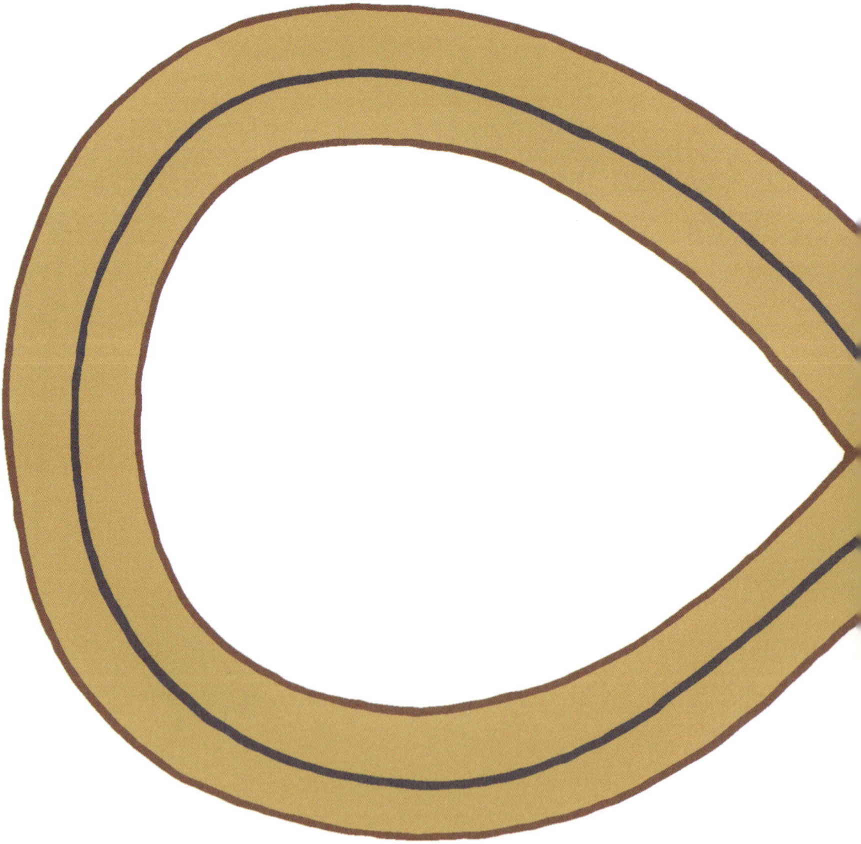

마음이 청결한 자는 복이 있나니

그들이 하나님을 볼 것임이요

화평하게 하는 자는 복이 있나니

그들이 하나님의 아들이라

일컬음을 받을 것임이요

의를 위하여 박해를 받는 자는 복이 있나니

천국이 그들의 것임이라

Come

주 기도문

6

하늘에 계신 우리 아버지

아버지의 이름을 거룩하게 하시며

마태
6:9-13

아버지의 나라가 오게 하시며

A
Ω
BIBLE

아버지의 뜻이 하늘에서와 같이

땅에서도 이루어지게 하소서

오늘 우리에게 일용할 양식을 주시고

우리가 우리에게 잘못한 사람을

용서하여 준 것같이

INRI

우리 죄를 용서하여 주시고

우리를 시험에 빠지지 않게 하시고

福
占

악에서 구하소서

나라와 권능과 영광이 영원히

아버지의 것입니다

아멘.

성경 66권

출애굽기 레위기 민수기 신명기

여호수아 사사기 룻기 사무엘상

사무엘하

열왕기하 역대상 역대하 에스라

CORAM
DEO

전도서

아가 이사야 예레미야 예레미야애가

에스겔 다니엘 호세아 요엘

아모스

오바댜

요나 미가 나훔 하박국

스바냐 학개 스가랴 말라기

마태복음

Mark

누가복음 요한복음 사도행전 로마서

고린도전서 고린도후서 갈라디아서 에베소서

기쁨
기쁨

기
독
론
A
Ω

데살로니가전서 데살로니가후서 디모데전서 디모데후서

디도서 빌레몬서 히브리서 야고보서

흠 없는
어린 양

영지주의
그리스도

요한일서 요한이서 요한삼서 유다서

요한계시록

아담 하와 가인 아벨 에녹 노아 아브라함 사라 롯
멜기세덱 이삭 에서 야곱 레아 르우벤 유다 요셉
에브라임 요게벳 모세 아론 훌 갈렙 엘르아살 비느하스
여호수아 라합 아간 옷니엘 드보라 기드온 아비멜렉 입다
룻 보아스 삼손 한나 사무엘 사울 요나단 이새 다윗
밧세바 나단 사독 헤만 시므이 바실레 솔로몬 히람
엘리야 오바댜 나봇 엘리사 나아만 요엘 요나 호세아 아모스

성경인물

이사야 히스기야 요시야 힐기야 예레미야 다니엘
사드락메삭아벳느고 시드기야 에스겔 욥 스룹바벨 학개
모르드개 에스더 에스라 느헤미야 사가랴 엘리사벳
세례요한 요셉 마리아 예수 안나 안드레 베드로
빌립 나다나엘 니고데모 야고보 요한
마태 마르다 마리아 나사로 삭개오 바디메오 가룟유다
마가 누가 요안나 빌라도 바라바 막달라마리아
살로메 도마 아나니아삽비라 바나바 스데반 바울 실라
도르가 로데 고넬료 야고보 루디아 디모데 아볼로
디도 뵈뵈 유두고 빌레몬 오네시모

아담

하나님이 세상을 창조하시고
여섯째 되는 날에 직접
흙으로 만든 첫 사람.
하나님이 금하신 선악의 과실을
아내 하와의 권유로 먹은 죄로
에덴동산에서 쫓겨났다.

하와

하나님이 아담을 만들고 나서
아담을 돕는 배필로
아담의 갈비뼈로 만드신 여자.
뱀의 유혹으로
선악과를 따 먹고 그 죄로
아담과 에덴에서 쫓겨나고
출산의 고통을 겪게 된다.
가인과
아벨과
셋을
낳았다.

가인

아담의 첫 아들이며
시기하여 아우
아벨을 죽인
인류 최초의
살인자.

아벨

아담의 둘째 아들로, 양을 치며 살았다.
하나님이 가인의 제물을 받지 않고
아벨의 제물만을 기쁘게 받으시자,
이를 시기한 형 가인에게
죽임을 당했다.

에녹

므두셀라의 아버지.
365세에 하나님이 그를 데려가
이 땅에서 죽임을
당하지 않고 하늘로
들려 올라갔다.

노아

아담의 8대 손이며
하나님의 지시로 120년간 방주를 만들어
방주 속에서 가족과 짐승들과 함께
홍수를 피하였다.
홍수 뒤에 350년을 더 살았고
950 세에 세상을 떠났다.

아브라함

노아의 12대 손으로 갈대아 우르에서 출생하였다.아내 사라가 자식이 없어 종 하갈에게서 이스마엘을 낳았고 100세에 아들 이삭을 낳았다.
여호와가 이삭을 제물로 바치라 하여 아브라함의 믿음을 시험하였다.
“내가 너로 큰 민족을 이루고 네게 복을 주어 네 이름을 창대하게 하리니 너는 복이 될지라.”
여호와께서 아브라함을 축복하셨다.

사라

아브라함의 이복 동생이었으며
아브라함과 결혼했다.
아이를 낳지 못하였으나
하나님의 특별한
약속대로 90세에
이삭을 낳고
127세에 죽었다.

롯

아브라함의 조카. 아브라함과 헤어질 때
소돔 성을 택하여 갔다.
소돔 성이 악하여 유황불로 멸망당할 때
천사의 도움으로 자신과 가족만이
빠져 나오고
아내는 소금 기둥이 되었다.

멜기세덱

예루살렘의 제사장이었다.
아브라함이 빼앗겼던 재물을 찾아
돌아올 때
사웨 왕의 골짜기까지 마중나와
빵과 포도주로 아브라함에게 축복하였고
아브라함은 되찾은 전리품 중
십분의 일을 그에게
주었다.

이삭

아브라함이 100세에
사라에게서 낳은 아들.
아브라함이 여호와의 명령으로
모리아산의 제단에서 죽이려 할 때
천사가 말려 살았다.
리브가와 결혼하여
에서와 야곱을 낳았다.
늙어 눈이 어두워 야곱에게 속아
에서 대신 야곱에게
축복하였다.

에서

이삭의 처 리브가가 낳은
쌍둥이 중의 첫째 아들. 사냥에서 돌아와
배고파 장자권을 팥죽 한 그릇에
동생 야곱에게 팔았다.
오랜 갈등의 시기를 거쳐
20년 만에 야곱을 만나 화해했고
자손이 번창하여
에돔 족속이 되었다.

야곱

이삭이 60세에 낳은 쌍둥이
에서의 동생.
팥죽 한그릇으로
장자권을 샀으며
에서를 피해 외삼촌
라반의 집으로
도망갔다.
얍복강 나루에서
천사와 씨름
하였다.

레아

야곱의 첫째 아내.
동생 라헬보다 외모가 떨어져
야곱의 사랑을 받지 못하였으나
아들 유다 지파를 통해
메시아가 탄생하였다.

르우벤

야곱과 레아에게서 낳은 첫째 아들. 동생들이 요셉을 죽이려 할 때 이를 말려 동생 요셉을 구했다. 서모 빌하와 간통해 제사권과 통치권과 상속권을 잃었다.

유다

야곱의 넷째 아들.
다윗부터
시드기야까지
모든 왕이
유다의
혈통이며
예수도
유다 지파
이다.
실수로
며느리
다말의
유혹에
빠졌다.

요셉

야곱의 열한번째 아들.
형제들의 질시로 미디안
상인들에게 팔리고 애굽의 장관
보디발의 종이 되었다.
꿈 해몽을 잘 했으며 애굽 총리대신이 되어
기근에 대처하는
행정을 폈다.

에브라임

조부인 야곱으로부터 형 므낫세를 제치고
장자의 축복을 받았다.
정복한 가나안 넓은 땅을 분배받아
풍요를 누렸고
북왕국 이스라엘을 세웠다.

요게벳

모세와 아론과
미리암의 모친.
애굽 공주의 양자가 된
모세의 유모가 되어
모세를 신앙으로
길렀다.

모세

미리암과 아론의 동생이었다.
80세 때 호렙 산에서 사명을 받고
애굽에 들어가 히브리 민족을
해방시켰다.
광야생활 40년 동안
히브리 민족을 인도했으며
시내 산에서 언약의 돌판
십계명을 받았다.

아론

미리암의동생이고 모세의 형이다.
모세의 대언자가 되어
모세와 같이 바로 왕에게 찾아가
10가지 재앙을 내리게 해
동족을 구했다.
이스라엘의 초대 제사장이
되었다.

훌

모세의 누이인 미리암의 남편.
출애굽한 이스라엘 백성이 아말렉 족속과
싸울 때 아론과 함께
모세의 지친
한쪽 팔을 들어올려
승리케 했다.

갈렙

여호수아와 함께 "그들은 우리의 밥이라. 올라가서 그 땅을 취하자"라며 가나안 정복에 대한 확신과 승리를 예언하였다.

엘르아살

아론의 셋째 아들.
아론이 죽자 대신 제사장이 되어
모세의 후계자인
여호수아를 안수하였다.

비느하스

아론의 손자이며 엘르아살의 아들.
아버지의 뒤를 이어 대제사장
직을 수행했으며
우상숭배 하는 시므온 지파
우두머리 시므리와
고스비를 죽였다.

여호수아

모세가 가나안에
보낸 정탐꾼이었으며
가나안 정복에 대한
확신과 승리를 예언하였다.
엘르아살이 안수하여
모세의 후계자로
삼았다.
여리고 성을
빼앗았고
아이 성을
불살라
황폐케 했다.

라합

여리고 성에 살았던 가나안인 기생.
다윗의 고조 할머니.
여호수아가 보낸
두 정탐꾼을
숨겨 살렸다.

아간

여리고를 점령해서 얻은 전리품을 감추었기 때문에 이스라엘 군대가 아이 성에서 패하게 된다. 범인으로 밝혀져 그와 가족들은 아골 골짜기에서 돌에 맞아 처형됐다.

옷니엘

이스라엘의 첫 사사.
기랏 세벨을 정복한 상급으로
갈렙의 딸 악사를 아내로 얻었다.
메소보다미아 왕 구산 리사다임의
지배를 받고 있는
이스라엘을 해방했다.

드보라

기손 강에서
가나안 군대를 물리친
여사사.
승리를 기록한
"드보라의 노래"가
있다.

기드온

이스라엘의 사사. 하나님의 소명을 받고 300명을 선발하여 나팔과 항아리와 횃불로 미디안을 쳐서 승리했다.

아비멜렉

기드온의 아들이며 첩의 소생이다.
이복 형제 70명을 죽이고 왕이 되어
세겜 일대를 다스렸다.
한 여인이 던진
맷돌에 맞아 죽었다.

입다

이스라엘 사사 중의 한 사람.
길르앗이 기생을 통해 얻은 아들로,
본처의 아들에게 쫓겨 돕 땅에 살았다.
피신해 있을 때 길르앗 땅의 장로들이 찾아와
도움을 요청해 암몬 사람들과 싸워
승리했다.

룻

나오미의 며느리.
과부가 되어 베들레헴 들판에서 이삭을 주워
생활하며 극진히 시어머니를 부양했으며
부유한 지주 보아스와 재혼하여
오벳을 낳았고
다윗의 증조모가 되었다.

보아스

베들레헴의 부유한 지주.
자신 소유의 밭에서 이삭을 줍는
룻과 결혼하여
예수의 조상이
되었다.

삼손

나귀 턱뼈 하나로 블레셋
군사 1천 명을 쳐죽였다.
타락하여
나실인이 할 수 없는
이방 여인과 결혼한
이스라엘의 사사.

한나

선지자 사무엘의 모친.
서원 기도로 늙어 얻은
사무엘을 약속대로
하나님 성전에
바쳤다.

사무엘

이스라엘의 마지막 사사. 한나가 서원하여 낳은 아들로, 사울 왕이 타락하여 새 지도자를 구하게 되자, 다윗에게 기름을 부어 새 지도자로 삼았다.

사울

다윗을 시기 했으며
길보아 산에서 자살한
이스라엘 통일왕국
시대의 첫째 왕.

요나단

사울 왕의 아들.
다윗이 골리앗을 죽였을 때
감동받아 다윗과
생사를 같이할 것을
맹세하였고
다윗을 몇 차례
위기에서
구해주었다.
절뚝발이 아들을
남기고 길보아산에서
전사했다.

이새

다윗의 부친.
보아스가 룻에게서 낳은 아들
사울은 다윗을 미워하고
시기하여
'이새의 아들'이라고
불렀다.
보잘것없는
존재였으나
그 뿌리를 통하여
메시아가
임하게 된다.

다윗

이새의 막내 아들이며
양을 치는 목동이었고
물맷돌을 던져 골리앗을 죽였다.
사무엘에게
기름부음을 받고
사울이 죽은 후에
왕이 되었다.

밧세바

다윗의 신하
우리아의 아내.
다윗의 처가 되어
솔로몬을 낳았다.

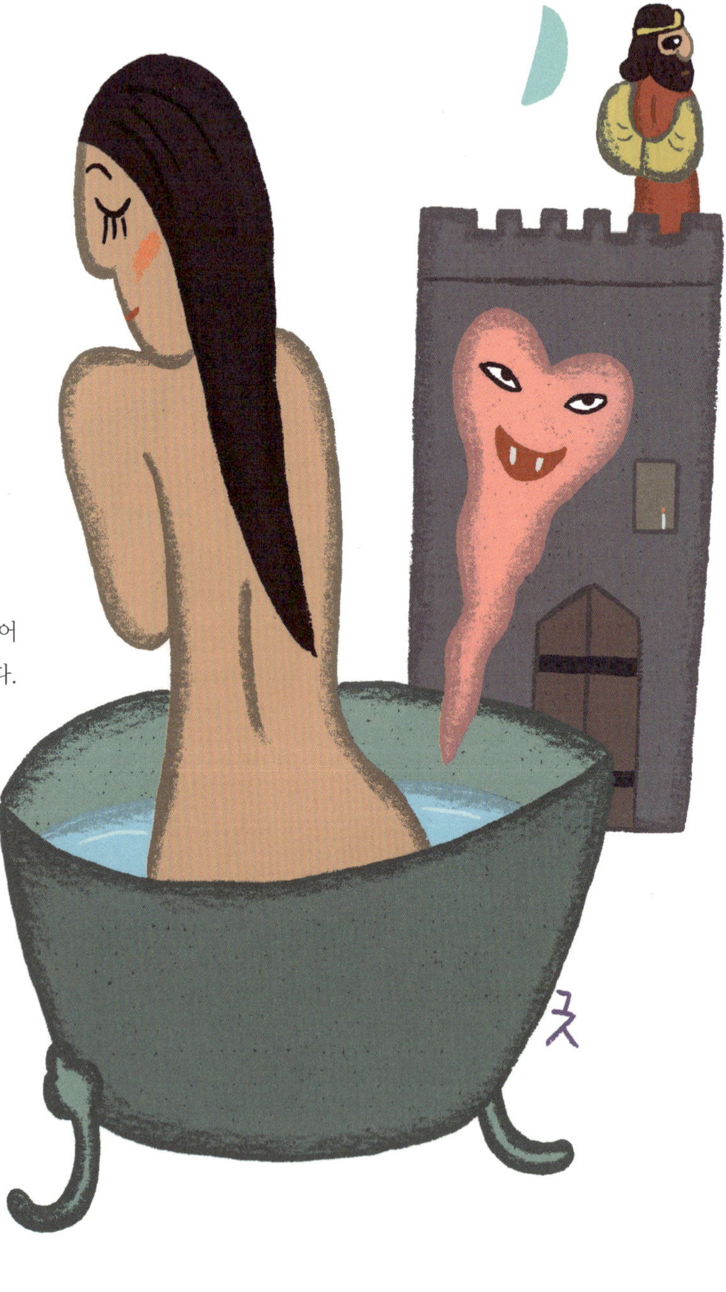

나단

다윗 왕이 밧세바를 아내로
취하기 위하여 밧세바의 남편
우리아를 전장에 보내
죽게 한 죄목을 지적한
선지자.
"…가난한 사람의
양 새끼를 빼앗아다가
자기에게 온 사람을
위하여
잡았나이다."

사독

솔로몬에게
기름을
부어
왕으로
옹립한
대제사장.

혜만

사무엘의 손자이며
요엘의 아들이다.
성가대 지휘자로 거룩한 노래를
작곡하고 다양한 악기로 연주하여
성전 예배의 찬양 규범을
만들었다.

시므이

다윗이 사울의 뒤를 이어
왕이 된 것을 심히
못마땅히 여겨
다윗을 항상 반역자로
간주했다.
압살롬이 죽자 요단 나루터에서
승리한 다윗 왕에게
용서를 구했다.

바르실래

다윗이 압살롬의 난을 피하여 망명했을 때
풍성한 식량을 공급한 길르앗의 부호. 다윗이 죽을 때
바르실래의 자손에게 친절을 베풀라 유언하였다.

솔로몬

다윗의 사업을 계승하고
왕궁과 성전을 건축하였으며
인근 민족들을 통합하고
통치하였다.
『전도서』『잠언』『아가서』『시편』
일부를 기록하였다.

히람

두로 왕.
히람은 밀과 기름이 필요했고
다윗은 목재와 기술자가 필요 했다.
다윗이 궁전을 지을 때와
솔로몬이 성전을 지을 때에
목재와 석재와 기술자를
제공하였다.

엘리야

아합의 왕권과 대결한 선지자.
가뭄을 예언하고 그릿 시냇가에서 까마귀가
주는 음식으로 연명했으며 갈멜산에서
바알의 선지자 450명과 아세라의 선지자
400명과 대결하여 승리했다.

오바댜

아합 왕 시대의 궁내 대신.
엘리야를 갈멜산으로 이끌어 아합과 대결해
승리케 하였다.

나봇

포도원을 탐낸
아합 왕과 이세벨의
계략으로 돌에 맞아 죽은
사마리아에 있는
포도원의 주인.

엘리사

농사 일을 하다가
엘리야를 만나 수제자가 됐고
그가 죽은 후 뒤를 이어 선지자로
활동했다. 나아만의
문둥병을 고치고
죽은 수넴 여인의 아들을
살리고 물에 빠진
도끼를 떠오르게 하는
기적을 행하였다.

나아만

엘리사의 사환이 시키는 말에
순종하여 요단강에 가서
몸을 일곱 번 씻어
문둥병을 치료받은
다메섹 왕 벤하닷의 장군.

요엘

남왕국의 예루살렘에서
활동했다. 유다 땅에
메뚜기 재앙이
내릴 때
회개와 참회를
외쳤다.
"너희는 옷을
찢지말고
마음을 찢고
너희 하나님
여호와께로
돌아올지어다."

요나

하나님이 명하여
니느웨로 가서 그곳이 죄악으로
멸망할 것을 신포하라 하였으나
다시스로 도망가다가 폭풍을 만나
물 속에 던져져 큰 물고기 뱃속에서
3주야를 지냈다.
고기가 회개한 요나를 땅에 토해내자
니느웨로 가서 하나님의 뜻을
선포하여 그 백성들이 회개하였다.
성 밖 박넝쿨 그늘 아래 있을 때
박넝쿨이 시들어 그늘이
없어짐을 안타까워하였고,
이에 여호아의 책망을
들었다.

호세아

하나님의 뜻에
순응하여 음란한 여인
고멜을 아내로 맞았다.
고멜은 가정을 버리고
다른 남자와 놀아났으나
하나님은 부도덕한
아내를 받아들이라
명하셨고 호세아는
하나님의명령에
순종했다.

아모스

양을 치던 중
하나님의 부르심을 받고
벧엘로 올라가 여로보암 2세의
정치와 종교적 타락에
하나님의 공의를 외쳤다.
"오직 공법을 물같이 정의를
하수같이 흘릴지어다."

이사야

20세의 나이에 선지자의
소명을 받았다.
3년 동안 벗은 몸으로
하나님의 말씀을 외쳤고
일생 동안 험한 베옷을 입고 살았다.
예루살렘 성전에서 하늘 보좌를 보았고
천사가 제단의 숯불로 입술을 정결케 하는
체험을 했다.
유다에 대하여, 열국에 대하여, 포로 당할 것과
메시아의 구원을 예언하였다.

히스기야

남왕국 유다의 13대 왕.
병들어 죽게 되어
하나님께 낯을 벽을 향하여
기도하여 15년의
생명을 연장 받았다.

요시야

남왕국 유다의 왕.
8세에 왕위에 올라 31년 동안 통치했다.
우상숭배에 눈물로 회개하며
철저히 종교 개혁을 단행했다.
바벨론과 애굽과의 싸움에 휩쓸려
므깃도에서 전사했다.

힐기야

레위 지파 살룸의
아들로 제사장.
성전을 수리하다
모세의 율법책을
발견하였다.
요시야 왕의
종교개혁에 적극
협조하였다.

예레미야

하나님의 심판과
조국의 멸망을
선포하고 애타는
심정으로 울고 울었다.

다니엘

바벨론의 포로가 되었으나
히브리 민족의 신앙을 지켰다.
다리오 왕 때에 총리가 되었으며
왕의 명을 어긴 죄로 사자 굴과 풀무불 속에
던짐을 받았으나
주의 천사가 구해주었다.

사드락, 메삭, 아벳느고

다니엘의 세 친구.
포로 생활을 하면서 오직
하나님만을 섬겨 우상에
절하지 않은 죄로
풀무불 속에 들어갔으나
하나님의 보호로
살아서 나왔다.

시드기야

남왕국 유다의 마지막 왕.
성이 함락되어 도망가다
여리고에서 붙잡혀
느부갓네살 왕에게 끌려가
심문을 받고 두 눈이 뽑혀
바벨론으로 끌려갔다.

에스겔

바벨론의 침공 때 포로가 되어
그발 강가에 거주했다. 제사장으로
백성들을 깨치기 위해 벙어리 흉내를
내고 머리털과 수염을 깎았으며,
아내의 죽음을 방관하는
기이한 행동을 했다.
네 생물의 환상, 불에 탄
포도나무 환상 등을 경험했고
골짜기의 마른 뼈 환상,
새 예루살렘 성전과
거룩한 강의 환상 등으로
백성들을 위로했다.

욥

아라비아 우스에 사는
의인이며 큰 재산가.
여호와가 사탄에게
욥의 생명을 해하지 말고
욥의 믿음을 시험해보라 하여
재산과 가족을 잃게 하고
몸에는 창질이 나게 하였다.
사탄의 시험에도
하나님을 여전히
경외하였다.

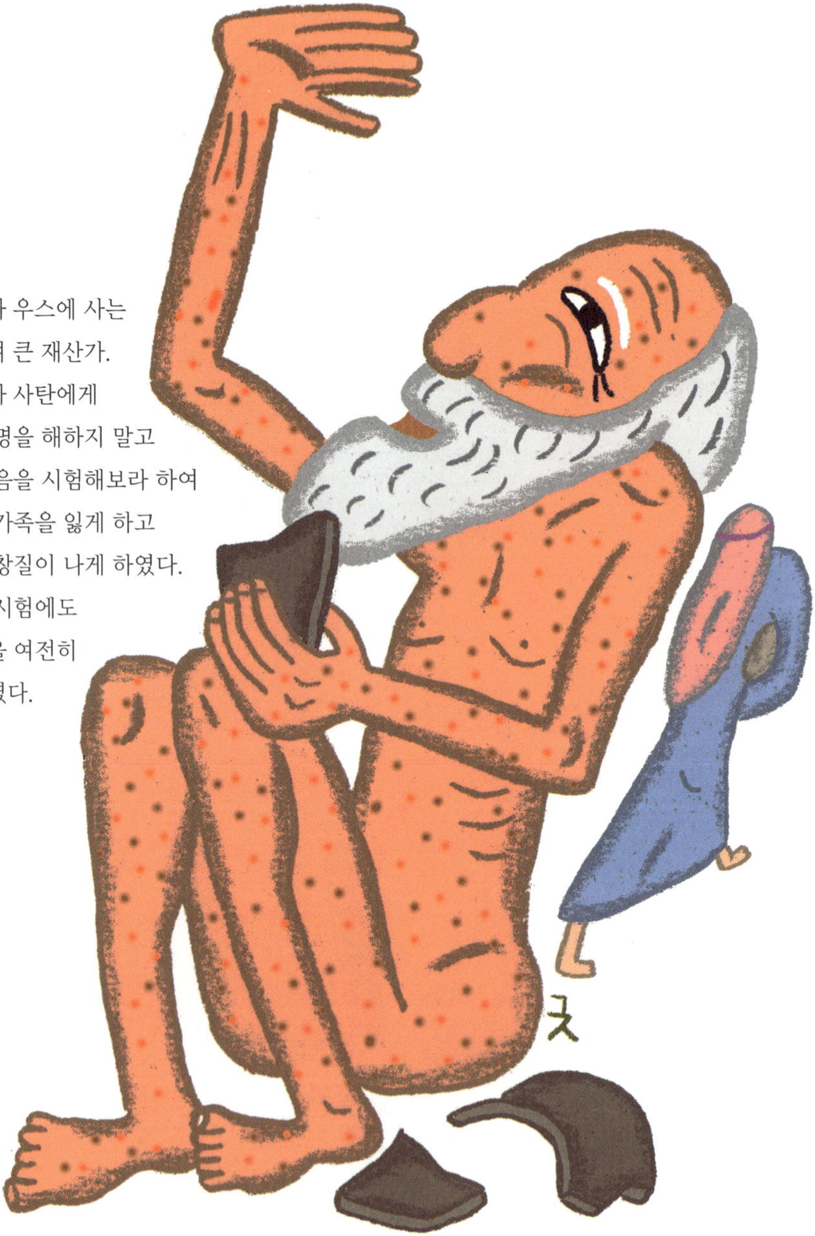

스룹바벨

바사 왕 고레스가
유대인을 석방하여
고국으로
귀환시킬 때,
느브갓네살이
약탈했던 성전
기물들을 되찾아
5만명의 동포들을
인솔하여 고국에
돌아와 성전과
성곽을 재건
하였다.

학개

12소선지자 중 한사람.
이스라엘 백성들이 바벨론
포로에서 귀환한 후
성전 재건에 관심이 없자
이를 책망하고
격려했다.
『학개서』를
썼다.

모르드개

에스더의 사촌 오빠이며 양아버지.
왕비가 된 에스더와 협력하여
하만의 계략을 물리치고
동족 유다 백성들을 구했다.
하만은 모르드개를 죽이려고 했던
장대에 매달리고 모르드개는
하만을 대신해 총리가
되었다.

에스더

어려 고아가 되어
사촌 오빠인 모르드게의
양녀로 자랐다.
아하수에로 왕에게
간택되어 왕후가 되었다.
"죽으면 죽으리이다"
각오로 왕에게 나아가
하만의 음모를 밝히고
동족 유다 민족을
죽음에서 구했다.

에스라

모세의 율법에 능통한 서기관. 백성들에게 율법을 지키고 안식일을 준수하도록 했다. 율법대로 나라를 정화시킨 종교 개혁가.

느헤미야

유다 총독이 되어
예루살렘에 귀환하여
한 손에는 연장을 다른 손에는 병기를
들고 성전 재건에 매진하여
옛 모습을 찾았다.

사가랴

세례 요한의 아버지.
늙은 아내가 아이를 낳을 것이라는
천사의 말을
믿지 않음으로써
벙어리가 되고
말았다.
요한이 태어나 혀가
풀리자 처음 말은
하나님 찬양
이었다.

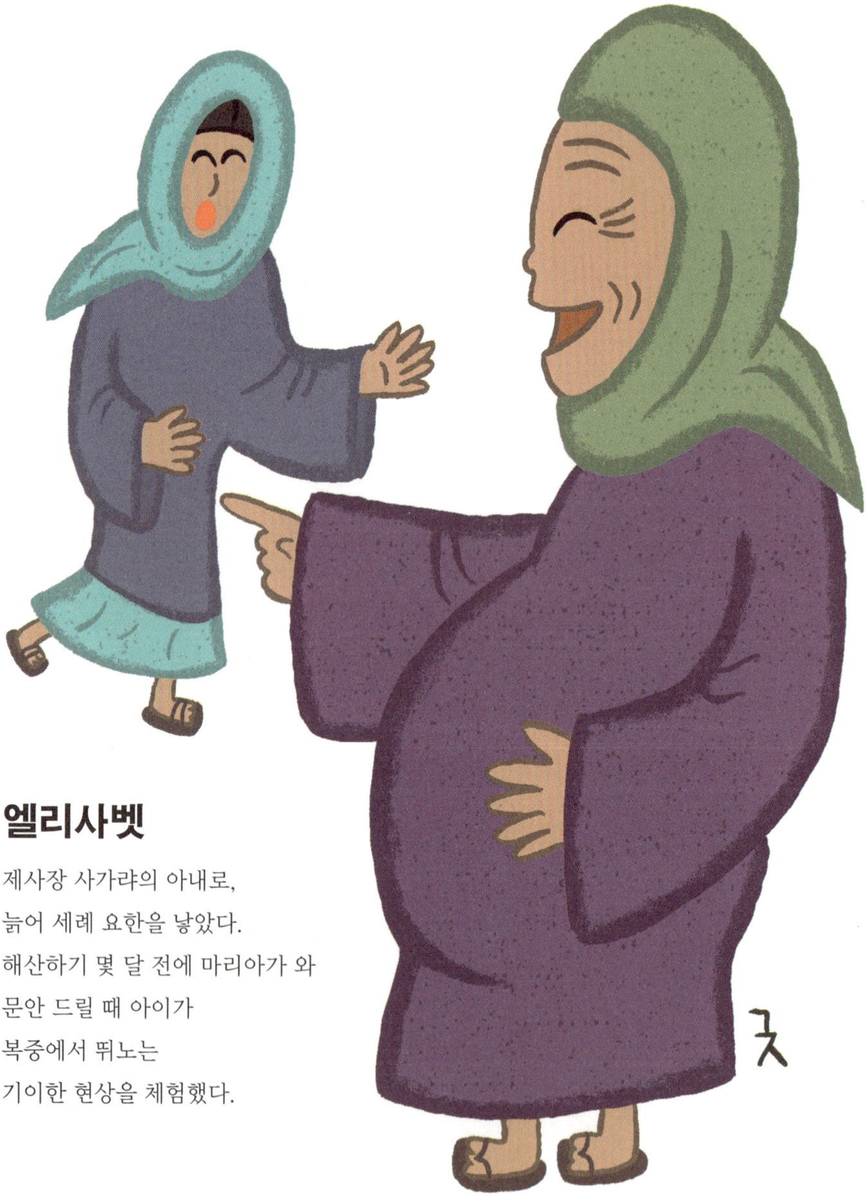

엘리사벳

제사장 사가랴의 아내로,
늙어 세례 요한을 낳았다.
해산하기 몇 달 전에 마리아가 와
문안 드릴 때 아이가
복중에서 뛰노는
기이한 현상을 체험했다.

요한-세례자

제사장 사가랴의 아들.
약대 털옷을 입고
메뚜기와 석청을
먹고 살았다.
요단 강변에 나타나
회개를 외치며
세례를 베풀고 예수의
오심을 예고했다.
"내 뒤에 오시는 이는
나보다 능력이
많으시니 나는 그의
신을 들기도 감당치
못하겠노라."

요셉

마리아의 남편.
약혼한 마리아가 아기를
잉태한 것을 알고
파혼하려 했으나
천사의 말을 듣고
마리아를 아내로
맞았다. 헤롯을
피하여 애굽으로
피신하였다.

마리아-주의 모친

요셉과 약혼한 사이에
성령잉태하였다.
이를 하나님의 은총으로
받아들여 “주의
계집종이오니
말씀대로 내게
이루어지이다”
하고 요셉과
결혼하여
예수를 낳아
메시아의
어머니가
되었다.

예수

요셉과 약혼한 마리아가
성령으로 잉태하였다.
제자와 함께 다니며
말씀과 예화로
천국복음을
전했다.

안나

결혼 7년 후에 남편이 죽자
성전에서 84세까지 봉사하며
메시아 오시기만을 기다렸다.
예수의 부모가 예수에게
할례를 시행하기 위해
성전에 올라갔을 때
그 아이가 메시아임을
알아차리고 하나님께
감사 기도를 드렸다.

안드레

세례 요한의 제자였으나
예수의 제자가 되었다.
형 베드로를
예수께 인도했으며
소아시아에서 복음을 전하다가
순교하였다고
알려지고 있다.

베드로

안드레의 형제이고 이름은 시몬이다.
갈릴리 바다에서 고기를 잡는 어부였으며
예수의 부르심을 받았다. 베드로라는 이름과
천국 열쇠를 받았다.

빌립

세례 요한의 제자였으나
예수의 부름을 받고
제자가 되었다.
예수께서 오병이어의
기적을 행하시기 전에
어디에서 음식을 구할 수
있겠냐고 빌립에게 물었으나
그는 '200데나리온 어치의
빵으로도 부족할 것'이라고
회의적인
답변을 했다.

나다나엘

무화과나무 아래에서 묵상하고
기도하며 ‘나사렛에서 무슨 선한 것이
날 수 있느냐’ 하고 메시아의 도래를
의심했으나 빌립의 인도로
예수를 만난 후 의혹이 사라졌다.

니고데모

바리새파 교인이며 유대 율법사요
산헤드린 공회 회원이었다.
참 진리에 대한 갈증으로 예수를
찾아가 진리를 물었다.
"사람이 거듭나지 아니하면 하나님 나라를
볼 수 없느리라."
예수를 만나 참 진리에 눈을 떴다.

야고보

세베대의 아들이며
요한의 형제이다.
성격이 급하여
예수가 '우뢰의 자식'이라는
별명을 주었으며
헤롯 왕에게 처형당했다.

요한-사도

야고보의 형제.
베드로, 야고보와 더불어 예수를 섬기고
『요한복음』『요한서신』을 썼으며
말년에 밧모 섬에
유배되어
『요한계시록』을
기록했다.

마태

가버나움의 세리였다가
예수의 부름을 받고
제자가 되었다.
부활하신 예수를 만나고
오순절 날 성령 세례를
받은 후 사도 직분을
수행했다.
『마태복음』을
기록했다.

마르다

나사로의 누나이며 마리아의 언니.
집안일을 도맡아 했으며 손님 접대를
잘했다.

마리아-마르다의 동생

옥합을 깨뜨리어
향유를 붓고 자신의 머리카락으로
예수의 발을 씻어 드렸다. 이에 예수께서는
“온 천하에 어디서든지 이 복음이 전파되는 곳에는
이 여자의 행한 일도 말하여 저를 기념하라” 하고
칭찬하셨다.

나사로

예수의 비유에 나오는 거지.
죽어 아브라함의 품으로
갔다.

삭개오

여리고의 세리장으로, 키가 작아
뽕나무 위에 올라가 예수를 만났다.

바디메오

여리고 성에서 구걸하며 살던 눈먼 거지. 예수께 구원을 청하여 구원받았다.
"가라, 네 믿음이 너를 구원하였느니라."

유다

가룟 시몬의 아들.

예수 제자들의 자금을 맡는 회계일을 했다.

베다니의 마리아가 비싼 향유를

예수의 발에 붓자 투덜거렸다.

제사장들에게 가서

은 30을 받고

예수를 팔았다.

예수가 사형을

선고받자

은을 성소에

던져 놓고

목매어

죽었다.

마가

오순절 그의 집 다락방에서 기도 중에
성령을 받았고
바울과 바나바의 1차 전도여행에
동행하였으나 도중에 포기했다.
강한 믿음이 생겨난 후
병약한 바울의 곁을
끝까지 지켰다.
『마가복음』을 기록했다.

누가

바울의 2차 전도여행에 동행하며
그의 주치의가 되었고
뛰어난 문학적 재능으로
신약성경의『누가복음』과
초대교회의 역사서인『사도행전』 을
기록했다.

요안나

헤롯 안디바의 청지기
구사의 아내.
예수께 병 고침을 받은 후
자신의 소유로 예수 일행을
극진히 대접하고
예수의 시신을 위해
향유를 준비하여 무덤에
찾아갔다.

빌라도

유대 사마리아 이두매
지역을 다스린
로마의 다섯 번째 총독.
유대인과 사마리아인을 학살했고
반역죄로 고소된 예수를
사형선고를 내려 죽이게 했다.

바라바

유월절 특사로 죄수 중 한 명을 석방해 주는 관례에 따라 예수 대신 석방된 유대 열심당의 지도자.

마리아-막달라

일곱 귀신에 들려 방황하다
예수를 만나 마귀의 종에서 해방되어
예수의 종으로 살았다.
예수의 묘를 지키던 중 최초로
부활의 예수를 목격했다.

살로메

야고보와 요한의
어머니.
예수와 제자 일행을
끝까지 섬겼다.

도마

열두 제자 중에 가장
의심이 많은 제자.
예수의 부활 소식을
믿지 못하였으며 직접
예수의 상처를
손으로 만져 보고
부활 예수를
믿었다.

아나니아 삽비라

땅 판 값의 일부를 숨기고 전부라고
속여 교회에 내어 놓은 부부.
혼이 떠나 급사했다.

바나바

토지를 팔아 가난한 교회 형제들을 도왔다.
안디옥 교회에서 사역하던 중
바울을 데려와서 함께 가르쳤다.
바울과 함께 안디옥에서
대부흥을 일으켰다.

스데반

유대교의 성전 예배를
비판하고 예수가
메시아이심을
증거하다가
하나님을 모독하였다는
거짓 증인들의 모함으로
예루살렘 근처에서
돌에 맞아 순교하였다.

바울

로마의 시민권자로 기독교인들을 박해하였다. 다메섹 도상에서 그리스도의 음성을 듣고 회개하였으며 『바울 서신』을 쓰고 세 차례의 선교여행을 통해서 많은 교회를 세웠다.
로마에서 순교하였다.

실라

바울의 동역자가 되어
2차 전도여행을 함께했다.
빌립보 전도 중에
바울과 함께 감옥에 갇혔다.
베드로의 조력자가 되어
활동하였다.

도르가

어려운 과부들에게
옷을 지어 입혔으며 헌신적으로
구제와 선행을 하였다.
중병으로 죽었으나 베드로의
기도로 다시 살아났다.

로데

마가의 어머니 마리아의 집에서 부리던 여종. 출옥한 베드로가 문밖에서 부르는 소리를 듣고 "베드로가 대문 밖에 있어요" 소리쳤으나 모두 미쳤다 하였다.

고넬료

가이사랴에 주둔한 로마 군대의 백부장.
환상 속에서 지시받은 대로
베드로를 초청하여 설교를 듣고
성령을 받았다.

야고보

예수의 동생.
예수를 미친 사람으로
알았으며 부활한 예수를
체험하고 변화되어
예루살렘 교회의
지도자가 되었다.
『야고보서』를
썼다.

루디아

바울의 전도로 교인이 되었고
자신의 집을 제공하여
마게도냐에 첫 교회를 세운
옷감 장사를 하는 여자.

디모데

바울의
'믿음 안에서 참 아들'이 되어
전도여행에 동행했다.

아볼로

알렉산드리아 태생의 유대인 학자.
구약 성경에 정통하였으며 변론가였다.
아굴라와 브리스길라에게서
복음을 듣고 배워
고린도에 가서
예수의 복음을 전하였다.
바울파와 아볼로파가 생겼으나
바울과 협력하여 선교했다.

디도

헬라 출신이었으며
바울이 전도하는 곳곳마다
동행하며 고락을 함께했다. 바울이
파견하면 갔고 부르면 달려왔다.
『디도서』를 기록했다.

뵈뵈

겐그레아 교회의 여집사.
겐그레아 항구를 드나드는
성도들에게 많은 도움을 주었다.
바울은 『로마서』를 뵈뵈에게 주어
로마 교회에 보냈다.

유두고

드로아 출신의 성도.
바울의 집회에 참가하여
3층 난간에서 졸다
떨어져 죽었으나
바울의 이적으로
살아났다.

빌레몬

자신의 집을 개방하여
골로새 교회를 세웠다.
바울의 부탁으로
종 오네시모를 용서하고
노예에서 해방시켰다.

오네시모

주인 빌레몬의 재물을 훔쳐
로마로 도망하였으며
바울에게 복음을 듣고 회개하여
신자가 되었다 .
바울 곁에서 시중들며
믿음의 삶을 살았고 바울은
그를 '내 심복'이라 하였다.
바울은 빌레몬에게
오네시모를 용서하고
형제처럼 사랑하라
하였다.

9

하늘엽서

여호와는 나의목자시니
내게 부족함이없으리로다
그가 나를푸른풀밭에누이
시며쉴만한 물가로인도
하시는 도다
시편23:1-2

푸른풀밭

쉼

주께서 내게 복을 주시
려거든 나의
지역을 넓히시고
주의 손으로 나를
도우사
나로
환난을
벗어나 내게 근심이
없게 하옵소서
대상4:10
굿

야베스의 기도

로뎀나무

나는 내사랑하는 자에게 속하였도다
그가 나를 사모하는구나
내사랑하는자야
우리가 함께 들로 가서 동네
에서 유숙하자 우리가
일찍이 일어나서 포도원으로
가서 포도움이
돋았는지 꽃술
이 퍼졌는지 석류꽃이 피었는지
보자 거기에서 내가 내사랑을
네게주리라
아가 7:10-12
I will
give you my love
ㅊ

아가

심령이가난한자는복이있나니 천국이그들의것임이요 애통하는자는
복이있나니 그들이위로를 받을것임이요 온유한자는복이있나니 그들이
땅을기업으로받을것임이요 의에주리고 목마른자는복이있나니
그들이배부를것임이요 긍휼히여기는자는복이 있나니 그들이긍휼히
여김을받을것임이요 마음이청결한자는 복이있나니 그들이
하나님을볼것임이요 화평하게하는자 는자는복이 있나니
그들이 하나님의 아들이라 일컬음을 받을것임이요 의를
위하여박해를받은자는복이있나니천국이그들의것임이라 마5:3-10

팔복

하나님이
세상을 이처럼 사랑하사
독생자를 주셨으니
이는
그를
믿는자마다 멸망하지 않고 영생을 얻게 하려 하심이라
요3:16

영생

윤동주십자가

여호와의 산에
오를 자가 누구며
그의 거룩한 곳에
설 자가 누구
인가
Who may ascend into the hill
곧
손이 깨끗하며
마음이 청결하며
뜻을 허탄한 데에
두지 아니하며
거짓 맹세하지
아니하는
자로다
시편 24:3-4

여호와의 산

내 사랑하는 자는 내게 속하였고 나는 그에게 속하였도다 그가 백합화 가운데서 양 떼를 먹이는구나
아가 2:16
He pastures his flock among the lilies

목자

종이주인보다
크지못하고
보냄을 받은자가 보낸자보다 크지못하나니
너희가
이것을
알고행하
면복이
있으리라
요13:16-17

섬김

그가 찔림은 우리의 허물 때문이요 그가 상함은 우리의 죄악 때문이라
그가 징계를 받으므로
우리는 평화를 누리고
그가 채찍에 맞으므로
우리는 나음을 받았도다
우리는 다 양 같아서
그릇 행하여 각기
제 길로 갔거늘
여호와께서는
우리 모두의 죄악을
그에게 담당시키
셨도다
사
53:5-6
Pie
Jesu

피에예수

가 시 고 기 예 수
그리스도께서
너희를 사랑하신 것 같이 너희도 사랑가운데서 행하라
그는 우리를 위하여 자신을 버리사 향기로운 제물과 희생제물로
하나님께 드리셨느니라
엡5:2

가시고기예수

시편 95:7

유월절

생

민들레꽃씨

최의덕(L.B.Tate) 목사